O Bolsa Família no enfrentamento à pobreza no Maranhão e Piauí

Dados Internacionais de Catalogação na Publicação (CIP)
(Câmara Brasileira do Livro , SP, Brasil)

O Bolsa Família no enfrentamento à pobreza no Maranhão e Piauí / Antônia Jesuíta de Lima...[et al.] ; Maria Ozanira da Silva e Silva, (coord.). -- São Paulo : Cortez ; Teresina : Editora Gráfica da UFPI, 2008.

Outros autores: Maria D`Alva Macedo Ferreira, Maria do Rosário de Fátima e Silva, Valéria Ferreira Santos de Almada Lima
Apoio: CNPq, FAPEMA e CAPES.
Bibliografia.
ISBN 978-85-249-1462-1

1. Brasil - Política social 2. Pobreza - Brasil 3. Pobreza - Maranhão 4. Pobreza - Piauí 5. Problemas sociais - Brasil 6. Programa Bolsa Família (Brasil) I. Lima, Antônia Jesuíta de. II. Ferreira, Maria D`Alva Macedo. III. Silva, Maria do Rosário de Fátima e. IV. Lima, Valéria Ferreira Santos de Almada. V. Silva, Maria Ozanira da Silva e.

08-11239 CDD-361.610981

Índices para catálogo sistemático:

1. Brasil : Programa Bolsa Família : Bem-estar social 361.610981
2. Programa Bolsa Família : Brasil : Bem-estar social 361.610981

Maria Ozanira da Silva e Silva (Coord.)

Antônia Jesuíta de Lima • Maria D'Alva Macedo Ferreira •
Maria do Rosário de Fátima e Silva • Valéria Ferreira Santos de Almada Lima

O Bolsa Família no enfrentamento à pobreza no Maranhão e Piauí

CORTEZ EDITORA

EDITORA GRÁFICA DA UFPI

EDUFMA

Apoio:

CNPq
Conselho Nacional de Desenvolvimento Científico e Tecnológico

FAPEMA
Fundação de Amparo à Pesquisa e ao Desenvolvimento Científico e Tecnológico do Maranhão

CAPES

O BOLSA FAMÍLIA NO ENFRENTAMENTO À POBREZA NO MARANHÃO E PIAUÍ
Maria Ozanira da Silva e Silva (Coord.)

Capa: aeroestudio
Revisão: Maria de Lourdes de Almeida
Preparação de originais: Jaci Dantas
Composição: Dany Editora Ltda.
Assessoria editorial: Elisabete Borgianni
Secretaria editorial: Priscila F. Augusto
Coordenação editorial: Danilo A. Q. Morales

Direitos para esta edição
CORTEZ EDITORA
Rua Monte Alegre, 1074 — Perdizes
05014-001 — São Paulo-SP
Tel.: (11) 3864-0111 Fax: (11) 3864-4290
e-mail: cortez@cortezeditora.com.br
www.cortezeditora.com.br

Impresso no Brasil — dezembro de 2008

Sobre as autoras

Maria Ozanira da Silva e Silva — Doutora em Serviço Social pela Pontifícia Universidade Católica de São Paulo. Desenvolveu estágio pós-doutoral no Núcleo de Estudos de Políticas Públicas da Universidade Estadual de Campinas. Pesquisadora Nível IA do CNPq. É coordenadora e professora do Programa de Pós-Graduação em Políticas Públicas da Universidade Federal do Maranhão (UFMA), e coordenadora do Grupo de Avaliação e Estudo da Pobreza e de Políticas Direcionadas à Pobreza (GAEPP www.gaepp.ufma.br), onde vem desenvolvendo pesquisas sobre Políticas Sociais, com destaque à Política de Assistência Social e os Programas de Transferência de Renda. Vem desenvolvendo também estudos no campo da avaliação de políticas e programas sociais. Foi membro integrante do Comitê Assessor de Psicologia e Serviço Social junto ao CNPq (gestão 2003-2005); foi representante adjunta da Área de Serviço Social na CAPES (gestões 2002-2004; 2005-2007). É autora dos seguintes livros publicados pela Cortez Editora de São Paulo: *A Política Habitacional Brasileira: verso e reverso* (1989); *Refletindo a Pesquisa Participante*, 2. ed. 1991; *Formação Profissional do Serviço Social*, 2. ed. 1995; *Renda Mínima e Reestruturação Produtiva* (1997); *O Serviço Social e o Popular*, 4. ed. (2007) e *Política Social Brasileira no século XXI: prevalência dos programas de transferência de renda*, 3. ed. (2007). Coordenadora e co-autora dos seguintes livros também publicados pela Cortez Editora de São Paulo: *Comunidade Solidária: o não-enfrentamento da pobreza no Brasil* (2001); *Serviço Social, pós-graduação e produção do conhecimento no Brasil* (2005); *Políticas públicas de trabalho e renda no Brasil contemporâneo*

(2006) e *Avaliação de políticas e programas sociais: teoria e prática*, 2. ed. São Paulo: Veras Editora, 2005. É também autora de vários capítulos de livros, artigos publicados em periódicos e de trabalhos completos publicados em anais de eventos científicos nacionais e internacionais.

Antônia Jesuíta de Lima — Doutora em Ciências Sociais pela Pontifícia Universidade Católica de São Paulo (PUC-SP). Realizou Pós-Doutorado no Centro Brasileiro de Análise e Planejamento (CEBRAP), com pesquisa na área de finanças públicas. É professora do Departamento de Serviço Social e do Programa de Pós-Graduação em Políticas Públicas da Universidade Federal do Piauí (UFPI), onde desenvolve pesquisa nas áreas de políticas públicas, gestão urbana e poder local. É autora dos livros: *Favela COHEBE: uma história de luta por habitação popular* (1996); *As multifaces da pobreza: formas de vida e representações simbólicas dos pobres urbanos* (2003). É co-autora do livro *Crianças e adolescentes em situação de rua* (2004) e organizadora do livro *Cidades brasileiras: atores, processos e políticas públicas* (2007).

Maria D'Alva Macedo Ferreira — Doutora em Serviço Social, com área de concentração em Política Social e Movimentos Sociais pela Pontifícia Universidade Católica de São Paulo (PUC-SP). Professora do Departamento de Serviço Social e do Programa de Pós-Graduação em Políticas Públicas da Universidade Federal do Piauí (UFPI). Professora colaboradora do Programa de Pós-Graduação em Ciências e Saúde. Pesquisadora do Núcleo de Estudos e Pesquisa em Serviço Social — NEPESS e do Núcleo de Estudos e Pesquisa sobre a Criança e Adolescente — NUPEC. Coordenadora do Núcleo da UNITRABALHO na UFPI, onde vem desenvolvendo, entre outros estudos, pesquisa de avaliação do Plano Nacional de Qualificação Profissional — PNQ. Membro e pesquisadora do Intercâmbio entre a UFPI e a Universidade de Verona/Itália-UNIVR para desenvolvimento do projeto: Sujeitos e saberes na mediação Sócio-educativa/2003-2008. Organizadora dos livros *Jovens e crianças: outros olhares* (2006) e *Avaliação do Plano Territorial de Qualificação*: PLANTEQ/PI-2004, 2007. Autora de diversos artigos.

Maria do Rosário de Fátima e Silva — Doutora em Serviço Social, com área de concentração em Política Social e Movimento Social pela Pontifícia

Universidade Católica de São Paulo (PUC-SP). Professora do Departamento de Serviço Social e do Programa de Pós-Graduação em Políticas Públicas da Universidade Federal do Piauí (UFPI). Coordenadora adjunta do Núcleo de Estudos e Pesquisas em Serviço Social e Questão Social. Membro do Núcleo de Estudos, Pesquisas e Extensão Universitária para a Terceira Idade/UFPI, onde desenvolve estudos na área da avaliação de programa de transferência de renda no Brasil e no Piauí; memória e envelhecimento; avaliação do processo-ensino aprendizagem e sobre sindicalismo urbano. Membro de intercâmbio entre a UFPI e a Universidade de Verona/Itália (UNIVR) para desenvolvimento do projeto: Sujeitos e saberes na mediação sócio-educativa — 2003/2008. Organizadora da coletânea *Políticas Públicas em tempos de diversidade*, EDUFPI/2006. Autora e co-autora de diversos artigos.

Valéria Ferreira Santos de Almada Lima — Doutora em Políticas Públicas pela Universidade Federal do Maranhão (UFMA). Professora do Departamento de Economia e do Programa de Pós-Graduação em Políticas Públicas da UFMA. Pesquisadora do Grupo de Avaliação e Estudo da Pobreza e de Políticas Direcionadas à Pobreza (GAEPP www.gaepp.ufma.br), onde vem desenvolvendo, entre outros estudos, pesquisas sobre a Política Pública de Trabalho e Renda no Brasil e no Maranhão, particularmente sobre a Política de Qualificação Profissional. Vem desenvolvendo também estudos no campo da avaliação de políticas e programas sociais. É co-autora dos livros publicados pela Cortez Editora de São Paulo: *Comunidade Solidária: o não-enfrentamento da pobreza no Brasil* (2001); *Políticas Públicas de Trabalho e Renda no Brasil Contemporâneo* (2006) e *Avaliação de Políticas e Programas Sociais: teoria e prática*, 2. ed. São Paulo: Veras Editora (2005). Autora de artigos publicados em periódicos e de trabalhos publicados em anais de eventos científicos.

Sumário

Introdução

Maria Ozanira da Silva e Silva

O debate sobre os Programas de Transferência de Renda no Brasil se iniciou em 1991 e a implementação de programas dessa natureza[1] começa em 1995, com os programas municipais de renda mínima desenvolvidos nas cidades de Campinas, Ribeirão Preto e Santos, em São Paulo, e o Programa Bolsa Escola, em Brasília. A partir de 1999, esses programas começam a ser implantados em alguns Estados, expandindo-se, em nível nacional, a partir de 2001, com a criação de grandes programas federais (Bolsa Escola e Bolsa Alimentação), embora os primeiros programas federais tenham sido criados em 1996 — Programa de Erradicação do Trabalho Infantil (PETI) e Benefício de Prestação Continuada — BPC.[2] Em 2003, o Governo Federal criou o Programa Bolsa Família com a proposta de unificar os diversos programas de transferência de renda, de modo que no ano de 2006, o Bolsa Família já estava sendo implementado em todos os 5.563 municípios brasileiros e

1. Consideram-se Programas de Transferência de Renda aqueles que se destinam a transferir recursos monetários a famílias ou a indivíduos, no caso brasileiro, articulando essa transferência ao desenvolvimento de programas complementares, principalmente no campo da saúde, da educação e do trabalho, ações essas destinadas aos membros das famílias beneficiárias dos referidos programas.

2. Sobre o desenvolvimento histórico dos Programas de Transferência de Renda no Brasil veja Silva; Yazbek; Giovani (2007). Esse desenvolvimento histórico é também considerado no próximo capítulo desta coletânea.

no Distrito Federal, atingindo mais de onze milhões de famílias pobres e contando com recursos da ordem de oito bilhões e trezentos milhões de reais. Isso significa que esse é o maior programa social já implementado, representando o eixo principal, juntamente com os demais Programas de Transferência de Renda, da proteção social no Brasil na atualidade.

Dada a relevância desses programas para a proteção social na contemporaneidade brasileira, a Universidade Federal do Maranhão (UFMA) e a Universidade Federal do Piauí (UFPI)[3] constituíram uma rede de pesquisa para desenvolvimento de um estudo sobre o Bolsa Família no âmbito dos Estados do Maranhão e do Piauí, Estados dos mais pobres da federação. Para isso, contou com o apoio do Conselho Nacional de Desenvolvimento Científico e Tecnológico (CNPq), com o financiamento de projetos de pesquisa que concorreram a dois editais na Área de Ciências Humanas e Sociais Aplicadas, contando também com o apoio financeiro da Fundação de Amparo à Pesquisa e ao Desenvolvimento Científico e Tecnológico do Maranhão (FAPEMA) e da Fundação de Aperfeiçoamento do Pessoal de Nível Superior (CAPES). Esses estudos, cujos resultados são expostos nesta coletânea, visam, sobretudo, contribuir para a melhoria e a elevação do padrão da proteção social brasileira.

O projeto de pesquisa desenvolvido teve como objetivo acompanhar a implementação e a proceder avaliação do processo de Unificação dos Programas de Transferência de Renda no Brasil mediado pelo Programa Bolsa Família, nos Estados do Maranhão e Piauí, sendo considerados objetivos específicos:

a) Elaborar uma caracterização analítica do Programa Bolsa Família, destacando a proposta e os fundamentos da unificação dos Programas de Transferência de Renda no Brasil e contemplando uma caracterização do Bolsa Família nos Estados do Maranhão e do Piauí, espaço geográfico de desenvolvimento do estudo;

---

3. A pesquisa referida envolveu pesquisadores das duas Universidades, especificamente do Programa de Pós-Graduação em Políticas Públicas da UFMA, com participação de integrantes do Grupo de Avaliação e Estudo da Pobreza e de Políticas Direcionadas à Pobreza (GAEPP www.gaepp.ufma.br) e do Programa de Pós-Graduação em Políticas Públicas da UFPI.

b) proceder à contextualização do Bolsa Família mediante a elaboração de caracterização socioeconômica dos Estados do Maranhão e do Piauí, bem como dos municípios selecionados para o desenvolvimento do estudo em profundidade;

c) proceder à elaboração do perfil da população-alvo atendida pelo Bolsa Família a partir de informações do Cadastro Único desenvolvido como referência para a implementação dos programas sociais no Brasil;

d) desenvolver estudo de campo para dimensionar a dinâmica, os avanços e os obstáculos na implementação da proposta de unificação dos Programas de Transferência de Renda, mediante estudo do Programa Bolsa Família em municípios dos Estados do Maranhão e do Piauí, a partir de variáveis e indicadores selecionados;

e) contribuir para o aprofundamento e sistematização do debate nacional sobre os Programas de Transferência de Renda, eixo central da Política Social brasileira, produzindo, sistematizando e divulgando conhecimentos sobre essa temática;

f) contribuir para a sistematização de práticas e a elevação do desempenho do Programa Bolsa Família nos municípios brasileiros;

g) desenvolver metodologias para acompanhamento e avaliação de políticas e programas sociais;

h) capacitar recursos humanos para a pesquisa social, mais especificamente para avaliação de políticas públicas de corte social.

A postura metodológica para o desenvolvimento do estudo orientou-se por movimentos de aproximações sucessivas com a realidade, de modo a permitir uma articulação capaz de superar a aparência e desvendar a essência dos fenômenos objeto de estudo. Buscou-se chegar a uma construção da realidade, mediante levantamento de informações, organização e sistematização dessas informações, destacando-se a utilização dos seguintes procedimentos metodológicos:

A caracterização geral do Bolsa Família foi realizada mediante levantamento bibliográfico e documental, procurando destacar a proposta e os fundamentos do processo de unificação dos Programas de Transferência de Renda no Brasil; proceder a uma análise do Programa Bolsa Família, considerando seu conteúdo e problematizando suas potencialidades e limites. Além da caracterização geral, foi contemplada uma caracterização, especificamente, do Bolsa Família nos Estados do Maranhão e do Piauí.

A caracterização socioeconômica dos Estados do Maranhão e do Piauí, bem como dos seis municípios que compuseram uma amostra intencional para realização do estudo empírico em profundidade, cumpriu, nesse estudo, a função de um marco referencial para contextualização do Programa Bolsa Família, considerando a proposta do Programa em relação ao atendimento da realidade socioeconômica a que se direciona. Esse aspecto do estudo foi realizado mediante o levantamento, sistematização e análise de dados secundários.

O perfil das famílias atendidas pelo Bolsa Família no Maranhão e no Piauí teve como fonte de dados o cadastro único dessas famílias, considerando um estudo desenvolvido pela Secretaria Nacional de Renda de Cidadania/Departamento do Cadastro Único do Ministério do Desenvolvimento Social e Combate à Fome (MDS), sob o título "Perfil das Família Beneficiárias do Programa Bolsa Família" (2006).

Para avaliação do processo de unificação dos Programas de Transferência de Renda, mediado pelo Bolsa Família, foi desenvolvido um estudo empírico em profundidade em seis municípios dos dois Estados: Maranhão e Piauí, selecionados a partir dos seguintes critérios:

a) As capitais foram automaticamente selecionadas (São Luís e Teresina);

b) foi considerado o município com maior número de famílias atendidas pelo Bolsa Família em cada um dos dois Estados, seguindo a capital (Caxias-MA; Parnaíba-PI);

c) foi feita a escolha de um dos municípios da experiência pioneira do Programa Fome Zero no Piauí: Guaribas ou Acauã, considerando o que melhor respondeu à intervenção, sendo selecionada Acauã. O terceiro município do Maranhão foi considerado aquele que apresentou maior potencialidade no desenvolvimento do Fome Zero no Estado (Araioses).

O estudo empírico nos seis municípios indicados considerou um conjunto de indicadores e variáveis, conforme apresentado no quadro a seguir:

Quadro 1

Dimensão/Variável	Indicadores
1. Formas de adesão do município ao Bolsa Família.	— Processo estabelecido entre o Município e o Governo Federal em preparação à adesão; — existência e conteúdo de instrumento (jurídico ou não) de adesão ao Programa
2. Levantamento de outros Programas de Transferência de Renda municipal e federal no município e sua articulação com o Bolsa Família.	— Existência no município de outros Programas de Transferência de Renda: federal, estadual e municipal; — público-alvo atendido (número de famílias e de pessoas); — valor médio do benefício por tipo de Programa; — tipo de articulação de cada Programa com o Bolsa Família.
3. Processo de migração das famílias atendidas pelos programas federais unificados (Bolsa Escola, Bolsa Alimentação, Cartão Alimentação, Vale Gás, PETI e Agente Jovem).	— Número de famílias que migraram por tipo de Programa que participava anteriormente; — critérios utilizados para orientar a migração; — ocorrência de aumento do valor monetário do benefício devido à migração e em que percentual; — outros benefícios para as famílias em decorrência da migração; — satisfação/insatisfação das famílias beneficiárias com a migração; — meta inicial e ritmo do crescimento do Bolsa Família no Município.
4. Relação do Bolsa Família com os Programas Bolsa Escola Municipal de São Luís e Teresina.	— Formas de relação do Bolsa Família com o Programas Bolsa Escola Municipal: fusão ou integração do programa municipal com o federal, encerramento do programa municipal, articulação do programa municipal com o Bolsa Família (especificar a forma dessa articulação).
5. Condições concretas dos municípios para implementar o Bolsa Família.	— Existência/localização do setor coordenador do Programa Bolsa Família na estrutura administrativa da Prefeitura; — existência/suficiência/qualificação dos recursos humanos engajados na gestão e implementação do Programa Bolsa Família no Município; — existência/adequabilidade/qualidade das instalações físicas utilizadas; — existência/suficiência/adequabilidade dos recursos materiais utilizados; — existência/suficiência dos equipamentos utilizados; — monitoramento/agilidade na identificação de problemas na implementação do Programa e capacidade de resolução desses problemas.

6. Divulgação e acesso das famílias ao Programa.	— Canais utilizados e sua adequabilidade para divulgação/informação do Programa; — prazos estabelecidos para divulgação do Programa Bolsa Família e aplicação do Cadastro Único para inscrição das famílias no município; — tempo médio entre o cadastro das famílias e sua inserção no Programa; — capacidade das estratégias de divulgação/inscrição em focalizar no público-alvo do Programa; — desvios identificados na focalização do público-alvo do Programa.
7. Identificação e acessibilidade das famílias beneficiárias do Bolsa Família em relação à rede de serviços básicos existente no município e encaminhamento/acesso a outros programas.	— Existência/condições de funcionamento/continuidade dos serviços oferecidos pela rede de serviços básicos no município; — formas de encaminhamento e acessibilidade do público usuário do Bolsa Família aos serviços e programas oferecidos no município; — formas de articulação do Programa Bolsa Família com a rede de serviços básicos e com outros programas.
8. Como vem sendo trabalhada a questão da autonomização das famílias.	— Número de membros das famílias beneficiárias do Bolsa Família que participou de cursos de alfabetização, de capacitação profissional ou outros cursos oferecidos no município; — outras atividades desenvolvidas que contaram com a participação de membros das famílias beneficiárias no município; — articulação/encaminhamento/acesso de membros das famílias beneficiárias do Bolsa Família a programas de crédito no município; — inserção desse público no mercado de trabalho; — trabalho educativo realizado no município com a participação de membros das famílias beneficiárias do Bolsa Família (periodicidade, temas etc.); — realização/participação em outras atividades que possam estar contribuindo para autonomização das famílias beneficiárias do Bolsa Família no Município.
9. Como vêm sendo trabalhadas as condicionalidades indicadas pelo Programa.	— Estratégias utilizadas para esclarecimento das famílias beneficiárias do Programa Bolsa Família pelo Governo Federal e pelo município quanto às condicionalidades determinadas para cumprimento das famílias; — formas de acompanhamento do cumprimento das condicionalidades fixadas; — providências tomadas face ao não cumprimento das condicionalidades.
10. Benefício médio recebido pelas famílias em cada município e como possivelmente vem sendo aplicado à renda monetária recebida.	— Valor médio do benefício monetário oferecido às famílias pela Bolsa Família no Município; — possível aplicação da renda monetária recebida pelas famílias; — como é previsto o desligamento das famílias do Programa Bolsa Família no Município e que apoio é previsto após esse desligamento.

11. Articulação do Programa Bolsa Família com sujeitos sociais locais.	— Identificação de sujeitos sociais locais que se articulam com o Programa Bolsa Família no município; — tipo de sujeito social envolvido/articulado (instituições, comitês locais, conselhos, grupos organizados, movimentos sociais) X natureza da articulação estabelecida; — possíveis influências/contribuições exercidas por tais sujeitos na implementação do Programa Bolsa Família no município.
12. Identificação de fatores facilitadores e obstáculos ao processo de unificação dos Programas de Transferência de Renda e da implantação e implementação do Bolsa Família nos municípios.	Arrolar pelo menos três fatores facilitadores e três obstáculos.
13. Identificação de críticas e sugestões.	Arrolar pelo menos três críticas e sugestões.

Para o desenvolvimento do estudo empírico realizado nos seis municípios dos Estados do Maranhão e do Piauí foi utilizado como principal procedimento metodológico a técnica de *Grupo Focal*,[4] além de

4. No Estado do Maranhão, com orientação do referencial citado anteriormente, o grupo focal, em São Luís, foi composto por profissionais diretamente responsáveis pela coordenação e implementação do Bolsa Família no Estado e em São Luís. Esse grupo foi constituído por representantes dos seguintes órgãos: Secretaria de Estado de Solidariedade — SES, Secretaria Municipal de Saúde — SEMUS, Secretaria de Estado de Desenvolvimento Social — SEDES e Secretaria Municipal de Educação — SEMED e pela então Fundação Municipal da Criança e da Assistência Social — FUMCAS, atualmente Secretaria Municipal da Criança e Assistência Social (SEMCAS). Em Imperatriz, o grupo focal contou com a participação de uma representante da Secretaria de Estado de Desenvolvimento Social (SEDES) e a coordenadora do Bolsa Família no Maranhão, ambas integrantes da equipe estadual do Bolsa Família da SEDES; duas pesquisadoras do Grupo de Avaliação e Estudo da Pobreza e de Políticas direcionadas à Pobreza/GAEPP-UFMA. Da equipe local de Imperatriz, participaram das sessões do grupo focal: o gestor municipal do Bolsa Família em Imperatriz; uma representante da Secretaria Executiva do Bolsa Família no município e um representante do Conselho de Controle Social do Bolsa Família no município (SEMED); o sub-coordenador do programa (SEMED); um representante da Secretaria Municipal de Saúde (SEMUS); um representante da Secretaria Municipal de Desenvolvimento Social (SEDES PETI); uma representante da Secretaria Municipal de Saúde (SEMUS/Programa Saúde da Família), além da secretária de educação do município. Em Araioses, o grupo focal foi composto por profissionais diretamente responsáveis pela coordenação e implementação do Bolsa Família no município, contando também com representantes dos seguintes órgãos: Secretaria Municipal de Educação — SEMED, Secretaria Municipal de Saúde — SEMUS, Secretaria Municipal de Assistência

levantamento e análise documental e bibliográfica e o desenvolvimento de observações.

Considerou-se que o procedimento de pesquisa social denominado Grupo Focal ou entrevista de grupo é uma alternativa a técnicas de coleta de dados mais tradicionais como questionário e entrevistas individuais. Situa-se no âmbito da pesquisa qualitativa e busca examinar aspectos mais profundos de uma situação considerada a partir do ponto de vista de diferentes sujeitos. Considerou-se que os processos grupais são muito utilizados e eficazes em avaliações de programas sociais, permitindo reunir pessoas para conseguir pontos de vista de várias sujeitos, para análise em profundidade de um tema. Nesse sentido, os grupos focais são pequenos grupos constituídos de pessoas com interesses e identidades similares, ou especificamente escolhidas para representar uma variedade de opiniões e contextos. Para orientar as discussões, cada grupo contou com um moderador ou facilitador para ajudar a manter a discussão na direção desejada, esclarecendo pontos de vistas e assegurando uma participação relativamente igual para todos (Roche, 2000). Foi orientado por um roteiro previamente elaborado, conforme já indicado, mas com o cuidado de flexibilizá-lo de modo a garantir o surgimento de idéias novas e a introdução de informações relevantes, embora não previstas. O objetivo central do Grupo Focal foi "identificar percepções, sentimentos, atitudes e idéias dos participantes a respeito de um determinado assunto" (Dias, s. d. e l, p. 3). Foram constituídos por cerca 06 a 12 pessoas envolvidas diretamente no desenvolvimento do Bolsa Família nos dois Estados e nos seis municípios, tendo-se a preocupação de estimular a participação

---

Social — SEMAS e Secretaria de Estado de Desenvolvimento Social — SEDES, além de dois membros representantes do GAEPP.

No Piauí, os integrantes dos grupos focais foram profissionais engajados na gestão e execução do Programa Bolsa Família no Estado e pesquisadores da UFPI. A técnica de grupo focal foi utilizada inicialmente com a comissão gestora do Programa Bolsa Família no Estado, com o objetivo de obter informações sobre o desempenho do Programa em todo o Estado. Foi realizado um total de cinco reuniões programadas previamente com os membros da comissão gestora. Essas reuniões foram coordenadas por pesquisadoras da UFPI. Com os municípios de Teresina, Parnaíba e Acauã as reuniões foram realizadas com a participação das equipes de técnicos que compõem a coordenação do Programa Bolsa Família em cada município, sendo mediadas pelas professoras coordenadoras da pesquisa no Estado e por pesquisadores colaboradores indicados pela coordenação.

e interação de todos. Teve-se como pressuposto o entendimento de que uma discussão coletiva em grupo permitiria maior diversidade de idéias e maior profundidade na abordagem do tema, por permitir a circulação de muitas informações.

Sabendo-se que o bom resultado do uso do Grupo Focal depende de aspectos, tais como: seu planejamento; seleção do moderador, elaboração da lista de questões que orienta o debate (guia de entrevista); escolha de um local agradável e tranqüilo; disposição dos participantes de forma a permitir contato visual entre todos (cadeiras em forma de círculo ou em torno de uma grande mesa); recrutamento e informação dos participantes sobre o objetivo geral da pesquisa e sobre o que se espera de cada um deles, procurou-se atentar para esses aspectos. Considerou-se também que o moderador é elemento importante, devendo conhecer bem o assunto, ter conhecimento e experiência de dinâmica de grupo e ser capaz de desenvolver uma postura flexível e de estímulo e valorização da participação de todos. As informações foram anotadas e gravadas, com a permissão dos participantes, de modo a permitir a análise das informações obtidas.

A apresentação do conteúdo desta coletânea pede, inicialmente, que se explicite sua natureza e objetivo. Trata-se de um livro orientado pela prioridade na apresentação do real que marca o maior programa social, no âmbito da contemporaneidade, da proteção social no Brasil. Realidade essa vivenciada no espaço empírico de dois Estados dos mais pobres da federação, o Maranhão e o Piauí. Com esse entendimento, optamos por fazer uma análise "por dentro" do Bolsa Família, conteúdo apresentado no capítulo 1, permitindo que a realidade empírica se apresente da maneira mais clara que se possa expressar, mas sem a preocupação com maiores fundamentações e interpretações, que, para alguns, pode parecer um conteúdo relatorial, mas que, para nós, neste caso, a bbusca de maiores interpretações poderia artificializar a realidade. A empiria, portanto, é rica e está falando por si principalmente nos capítulos 2 e 3, o que não significa opção para uma abordagem empiricista, visto que sua seleção, organização e sistematização obedeceu a critérios orientados pelo referencial teórico e pelas intencionalidades acadêmicas das pesquisadoras. Com essa orientação na lógica de exposição do livro, entendemos que a conclusão é o espaço para apontarmos elementos interpretativos da realidade do Bolsa Família que brotaram da empiria considerada e apresentada nos capítulos anteriores. Assim, a coletânea é constituída de três capítulos, além da presente introdução.

O capítulo 1, denominado *Bolsa Família: apresentado e problematizando sua proposta*, contém uma visão geral sobre a construção histórica da política de transferência de renda no Brasil, culminando com uma caracterização do Bolsa Família, apresentado como a versão atual dessa política. São apresentadas e problematizadas questões consideradas relevantes, com destaque às condicionalidades do Programa, à focalização na pobreza e à unificação proposta.

O capítulo 2, sob o título *O Bolsa Família e nos Estados do Maranhão e no Piauí: caracterização socioeconômica dos estados e municípios selecionados e situação do Programa*, desdobra-se em três itens: Caracterização Socioeconômica dos estados e municípios Espaços Geográficos do Estudo; Caracterização do Bolsa Família no Maranhão e no Piauí e Perfil das Famílias Beneficiárias do Bolsa Família no Maranhão e no Piauí. Nesse capítulo, é desenvolvida uma abordagem articulada, considerando a realidade socioeconômica dos Estados do Maranhão e do Piauí e os seis municípios selecionados para o estudo empírico do Bolsa Família, considerando: a formação socioeconômica, aspectos demográficos, trabalho e rendimento, educação, saúde e saneamento e a situação de pobreza e exclusão social. O quadro traçado sobre a realidade dos estados e municípios é articulado a uma caracterização do Bolsa Família no Maranhão e no Piauí, destacando o alcance, as possibilidades e limites do Programa face à realidade de pobreza dos dois estados. Essa articulação com os traços da realidade estende-se em relação ao perfil das famílias beneficiárias nos dois Estados.

O capítulo 3, intitulado O Bolsa Família como mediação da unificação dos Programas de transferência de renda: resultados de um estudo empírico no Maranhão e no Piauí apresenta os resultados de estudos empíricos, realizados mediante o desenvolvimento de Grupos Focais em seis municípios selecionados, considerando um quadro de 13 indicadores e variáveis relacionadas a um conjunto de indicadores comentado anteriormente. É desenvolvido esforço no sentido de que as variáveis e indicadores sejam articulados para que se possa dimensionar a realidade de aspectos centrais do Bolsa Família nos Estados do Maranhão e do Piauí, tais como: adesão dos Municípios ao Bolsa Família; identificação de outros Programas de Transferências de Renda e articulação destes com o Bolsa Família nos municípios; desenvolvimento do processo de migração das famílias atendidas pelo Bolsa Escola, Bolsa Alimentação, Cartão Alimentação e Vale Gás para o Bolsa Família; estratégias utilizadas para alcance do público-alvo do Bolsa Família; atividades complementares desenvolvidas e acesso dos membros das famílias beneficiárias à rede de serviços sócio-assistenciais nos municípios; como vêm sendo trabalhadas as condicionalidades indicadas pelo Bolsa Família; aplicação da transferência monetária pelas famílias; autonomização e desligamento das famílias; articulação do Bolsa Família com sujeitos sociais locais; identificação de fatores facilitadores e obstáculos na implantação e na implementação do Bolsa Família nos municípios; sugestões dos municípios ao Bolsa Família.

Finalmente, é apresentada uma *Conclusão* onde são destacados e problematizados aspectos considerados relevantes no percurso do estudo, destacando questões gerais em relação ao Bolsa Família e questões específicas com relação à realidade do Programa nos Estados do Maranhão e Piauí.

É necessário destacar que, além das autoras que elaboraram os capítulos da presente coletânea, a pesquisa de campo contou com a participação da doutoranda do Programa de Pós-Graduação em Políticas Públicas/UFMA, Annova Miriam Ferreira Carneiro; das alunas do Curso de Serviço Social/UFMA, Analita de Jesus Castro Fonseca e Joseth Marya de Andrade Silva; da aluna do Curso de Serviço Social/UFPI, Michelle Reis e Iara Carvalho; da mestranda do Programa de Pós-Graduação em Ciências da Saúde/UFPI, Patrícia de Moura Gualter e da Assistente Social Núbia Mairy Rodrigues Cutrim, coordenadora do Bolsa Família no Estado do Maranhão, que acompanhou a equipe do Maranhão na pesquisa de campo nos municípios de Imperatriz e Araioses e que deu relevante contribuição, fornecendo informações sobre o Bolsa Família no Maranhão.

Referências bibliográficas

BRASIL/MINISTÉRIO DE DESENVOLVIEMNTO SOCIAL E COMBATE À FOME. *Perfil das Famílias beneficiárias do Programa Bolsa Família* (estudo realizado pela Secretaria Nacional de Renda de Cidadania/Departamento do Cadastro Único). Brasília, 2006 (mimeo.)

DIAS, Cláudia Augusto. *Grupo focal:* Técnicas de coleta de dados em pesquisas qualitativas, s.d. e l. (mimeo.).

ROCHE, Chris. *Avaliação de impacto de trabalhos de ONGs.* São Paulo: Cortez/Oxfam, 2000.

SILVA, Maria Ozanira da Silva; YAZBEK, Maria Carmelita; GIOVANNI, Geraldo di. *A política social brasileira no século XXI*: a prevalência dos programas de transferência de renda. 3. ed. São Paulo: Cortez, 2007.

1

Bolsa Família: apresentando e problematizando sua proposta

Maria Ozanira da Silva e Silva

1.1. Introdução: construindo um referencial e contextualizando o Bolsa Família no âmbito dos Programas de Transferência de Renda no Brasil

O desenvolvimento de Programas de Transferência de Renda insere-se no âmbito da proteção social no Brasil a partir de 1995, com a implantação das experiências pioneiras de programas municipais do tipo Renda Mínima Familiar em Campinas, Ribeirão Preto e Santos, em São Paulo, e da experiência do Programa Bolsa Escola de Brasília. A partir de 1996 começam a ser desenvolvidos programas de abrangência nacional com a implantação do Programa de Erradicação do Trabalho Infantil — PETI, e do Benefício de Prestação Continuada — BPC. A partir de 1999, seguem com a criação e desenvolvimento de experiências criadas em vários Estados, chegando-se, em 2003, com a proposta de unificação desses programas mediante a criação do Programa Bolsa Família,[1] objeto deste estudo.

1. Sobre os antecedentes e as experiências pioneiras dos Programas de Transferência de Renda no Brasil, veja Silva, Yazbek e Giovanni, 2008, capítulo "Os Programas de Transferência de Renda: inserção no contexto do Sistema Brasileiro de Proteção Social".

Transferência de renda é aqui concebida como uma transferência monetária direta a indivíduos ou a famílias. No caso brasileiro, a idéia central dos Programas de Transferência de Renda é proceder a uma articulação entre transferência monetária e políticas educacionais, de saúde e de trabalho, direcionadas a crianças, jovens e adultos de famílias pobres. Dois pressupostos são orientadores desses programas: um de que a transferência monetária para famílias pobres possibilita, a essas famílias, tirarem seus filhos da rua e de trabalhos precoces e penosos, enviando-lhes à escola, o que permitirá interromper o ciclo vicioso de reprodução da pobreza; o outro é de que a articulação de uma transferência monetária com políticas e programas estruturantes, no campo da educação, da saúde e do trabalho, direcionados a famílias pobres, poderá representar uma política de enfrentamento à pobreza e às desigualdades sociais e econômicas no país.[2]

Cabe ressaltar que existem diferentes concepções de pobreza, orientando-se por diferentes valores e servindo para fundamentar a construção e implementação de diferentes alternativas de políticas de intervenção social. O entendimento aqui adotado é orientado pela concepção de pobreza enquanto fenômeno complexo e multidimensional. Nesse sentido, pobreza é mais que insuficiência de renda. A determinação fundamental da pobreza é de natureza estrutural, decorrente, sobretudo, da exploração do trabalho; geradora da desigualdade na distribuição da riqueza socialmente produzida, limitando ou impedindo o acesso a serviços sociais básicos; à informação; ao trabalho de renda estável, inclusive contribuindo para a não-participação política.[3]

Merece, nesse contexto, pontuar o que significa a proposta de articulação de transferência monetária com políticas e programas estruturantes enquanto um dos pressupostos centrais dos Programas de Transferência de Renda no Brasil. Esse pressuposto demanda a expansão e a democrati-

2. No decorrer desta coletânea, são problematizados aspectos referentes às possibilidades e aos limites dos Programas de Transferência de Renda enquanto uma política de enfrentamento à pobreza no Brasil.

3. Uma reflexão a respeito do debate sobre a pobreza, destacando suas questões teórico-conceituais, encontra-se em Silva, 2002.

zação de serviços sociais básicos, principalmente no campo da educação, da saúde e do trabalho. Significa não só a criança ser vacinada e a mulher ter acesso ao pré-natal, nem apenas a criança ser matriculada e freqüentar a escola e o adulto fazer cursos de qualificação profissional e de alfabetização. Demanda, sobretudo, a expansão quantitativa e qualitativa dos Sistemas de Saúde, de Educação e de Trabalho, ainda muito precários no Brasil e insuficientes inclusive para que as condicionalidades do Bolsa Família sejam cumpridas.

Outro aspecto fundamental que orienta essas reflexões é de que os Programas de Transferência de Renda são considerados no contexto da Política Nacional de Assistência Social, com base em dois elementos essenciais de sua configuração: são destinados ao público-alvo da Política de Assistência Social e sua concessão independe de contribuição prévia, isto é, eles representam a garantia de uma renda mínima de subsistência, independente do trabalho, para quem dela necessitar. Nesse sentido, esses programas são situados no contexto do Sistema de Proteção Social brasileiro, atualmente representando sua dimensão mais significativa e mais prevalente em razão do quantitativo do público-alvo atendido e do volume de recursos a eles destinados. Não resta dúvida de que esses programas redimensionaram o conteúdo e o formato do Sistema de Proteção Social brasileiro.[4]

Ainda pontuando o referencial que orienta essa reflexão, é fundamental que seja desmistificada a natureza dos Programas de Transferência de Renda, posto que toda transferência de renda é uma intervenção no mercado com a função regulatória de corrigir falhas de seu funcionamento, com vista a elevar sua eficiência. Nesse sentido, pode ou não redistribuir renda, dependendo da opção política que os orienta. Essas opções são pelo menos de duas naturezas: *opção liberal*, que transfere renda só para manter a sobrevivência de uma dada população, tendo, por conseguinte, um caráter residual e compensatório, servindo, tão-somente, para o alívio imediato da pobreza, sem sua superação, ou seja, a pobreza é mantida em certo patamar, representando um mecanismo inclusive de controle social; *opção redistributiva*, que consiste numa transferência de renda com vistas a diminuir as

4. Veja Silva, 2002b e Silva; Yazbek e Giovanni, 2008.

desigualdades, implicando em redistribuição de renda, com conseqüente diminuição da pobreza e das desigualdades econômicas e sociais.

Os Programas de Transferência de Renda, no Brasil, vêm sendo articulados a outros temas relevantes, como: pobreza, educação, saúde, trabalho infantil, descentralização, focalização, eixos centrais que configuram as políticas sociais na atualidade. Por outro lado, algumas questões vêm sendo apontadas no desenvolvimento desses programas, tais como: quais as reais possibilidades de elevarem o nível de escolaridade da população brasileira, de saúde, de nutrição, ou seja, de inserção social da população atendida? Qual sua efetividade enquanto política pública de enfrentamento da pobreza no país? Qual a sustentabilidade desses programas e seus impactos reais em termos de autonomização das famílias atendidas?

Partindo das referências pontuadas, a seguir é considerado o processo de desenvolvimento histórico dos Programas de Transferência de Renda no Brasil. No âmbito desses programas, o Bolsa Família é analisado no que diz respeito à configuração de sua proposta e sua implementação a partir de um esforço de análise problematizadora. Também são consideradas a focalização e as condicionalidades enquanto dimensões qualificadoras do Bolsa Família, destacando-se a centralidade que é atribuída à unificação desses programas, no contexto atual da política social brasileira.

1.2. O desenvolvimento dos programas de transferência de renda no Brasil: da Renda Mínima ao Bolsa Família

Os anos 1930 marcaram o início do que mais tarde poderia ser considerado um Sistema de Proteção Social no Brasil.[5] Vivia-se numa conjuntura de grandes transformações socioeconômicas e políticas, cujos destaques foram a passagem do modelo de desenvolvimento agro-exportador para o

5. Refiro-me a um Sistema de Proteção Social e não a um Estado de Bem-Estar Social, entendendo um Sistema de Proteção Social como um conjunto de programas sociais mais ou menos articulados e com certa estabilidade, direcionado a uma determinada população, no caso, a população brasileira.

modelo urbano-industrial e a Revolução de 1930. Impõe-se então um profundo reordenamento das funções do Estado Nacional. A pseudo-postura não-intervencionista, preconizada pela ideologia liberal, dá lugar a uma postura de regulação ou provisão direta do Estado no campo da educação, saúde, previdência, programas de alimentação e nutrição, habitação popular, saneamento, transporte coletivo (NEPP, 1994), demandas essenciais para permitir o desenvolvimento de um proletariado urbano necessário à indústria emergente.

Esse Sistema de Proteção Social no Brasil se amplia no contexto de períodos autoritários, demarcando-se aí o período da ditadura militar, vivenciado de 1964 a 1985. Nesse sentido, os programas e serviços sociais assumem funções de legitimação do Estado autoritário, servindo também como aliviadores da tensão e da repressão social e para atenuar as conseqüências de políticas de arrocho salarial adotadas.

Nesse processo, a partir de meados da década de 1970, e durante a década de 1980, cresce a reação ao autoritarismo do regime militar crescentemente desenvolvida por um novo movimento social e um movimento sindical independente do Estado. Esses movimentos colocam na agenda pública a necessidade de ampliação e universalização de direitos sociais, culminando com o movimento pró-constituinte que estabeleceu a Constituição Federal de 1988, cujo marco, no campo da proteção social, foi a instituição da Seguridade Social, o que significaria a ultrapassagem da prevalente "cidadania regulada" (Santos, 1987).

Tem-se uma proposta de Seguridade Social constituída de três políticas: a Política de Saúde, de caráter universal; a Política de Assistência Social, que fez a passagem das marcas históricas do favor para tornar-se uma Política Pública independente de contribuição, e a Previdência Social, condicionada à contribuição. No contexto da nova Constituição, é também estabelecido um novo reordenamento institucional para as Políticas Sociais, representado pela descentralização, e a participação social mediante a possibilidade do controle social das Políticas Sociais por parte da sociedade.

Esse contexto favorável criado pelo movimento da sociedade para as Políticas Sociais é instituído num contexto desfavorável do ponto de vista da crise fiscal do Estado, aprofundada também nos anos 1980 e reforçada nos anos 1990 a partir de quando ocorre a implantação tardia do Projeto Neoliberal no Brasil. As conseqüências mais sentidas foram elevação do desemprego, precarização do trabalho e elevação dos índices de pobreza, seguindo-se de uma investida de desmonte de direitos sociais conquistados, cujo exemplo de maior destaque foram as seguidas reformas da Previdência Social.

Tem-se, então, nos anos 1990, última década do século XX, um Sistema de Proteção Social em desestruturação e marcado por superposições de objetivos, competências, clientelas-alvo, agências e mecanismos operadores; instabilidade e descontinuidade dos programas sociais; insuficiência e ineficiência, com desperdício de recursos; distanciamento entre formuladores de políticas e beneficiários; ausência de mecanismos de controle e acompanhamento de programas (Draibe *et al.*, 1995), dando espaço para o setor privado lucrativo e para a emergência do denominado Terceiro Setor, com a ampliação do voluntariado e da filantropia empresarial. Ocorre uma progressiva substituição de um Sistema de Proteção Social inspirado na proposta keneysiana e beveredgiana e que parecia caminhar na direção da universalização de direitos sociais para uma proteção social mix, em que o mercado (setor lucrativo) e o Terceiro Setor (setor não-lucrativo) passam a ser prevalentes enquanto canais de proteção social, assumindo parte das funções do Estado, ficando este com duas funções fundamentais: normatizador e provedor das políticas e programas de proteção social. Nessa conjuntura, os Programas de Renda Mínima se despontam e se ampliam, constituindo o eixo central da proteção social no Brasil no despontar do século XXI (Silva; Yazbek; Giovanni, 2008).

Num esforço de contextualização, verifica-se que o debate internacional sobre Programas de Transferência de Renda ou de garantia de renda, entendidos no contexto de uma Política Pública de transferência monetária a famílias ou a indivíduos, vem se ampliando, sobretudo, a partir da década de 1980, mesmo já tendo sido desenvolvidos programas dessa natureza na Europa, a partir dos anos 1930. Isso ocorre no contexto de grandes transformações que vêm ocorrendo na economia, com profundos rebatimentos sobre o mundo do trabalho e às condições de vida das populações. Esse debate situa-se no âmbito da chamada Revolução Tecnológica da Era da Informação, inspirando estudiosos a indicarem novas questões sociais decorrentes desse processo (Gorz, 1983; 1985; 1991; Rosanvallon, 1995; Castel, 1995), com destaque à questão do desemprego de longa duração, o incremento da pobreza estrutural e o surgimento da "nova pobreza". Nesse contexto, os Programas de Transferência de Renda surgem como uma possível alternativa de política social para fazer face à denominada crise do *Welfare State* (Silva, 1997), como alternativa de enfrentamento do desemprego e da pobreza, decorrentes da reestruturação produtiva e das práticas neoliberais privatizantes (Atkinson, 1995; Brittan, 1995; Bresson, 1993; Vuolo, 1995; Gorz, 1991).

No Brasil, a temática dos Programas de Transferência de Renda, denominados de Programas de Renda Mínima ou Programas Bolsa Escola, de outras denominações, apresenta um desenvolvimento histórico que pode ser considerado com a indicação de cinco momentos importantes: o *primeiro momento*, iniciado em 1991, quando o Senador Eduardo Suplicy (PT-SP) apresentou o Projeto de Lei n. 80/1991, instituindo o Programa de Garantia de Renda Mínima para todo brasileiro a partir de 25 anos de idade, o qual foi aprovado no Senado, mas permaneceu, com parecer favorável, para aprovação da Câmara Federal. O *segundo momento* estendeu-se de 1991 a 1993, quando Camargo (1991; 1993; 1995) propõe uma transferência monetária a famílias que tivessem crianças de 5 a 16 anos em escolas públicas, introduzindo duas inovações no debate: a família como beneficiária, no lugar do indivíduo, bem como a articulação da transferência monetária com a obrigatoriedade de crianças e adolescentes freqüentarem a escola. O objetivo seria incorporar uma política compensatória a uma estruturante, como condição de enfrentamento da pobreza.

O *terceiro momento*, iniciado em 1995, quando foram implantadas as primeiras experiências pioneiras nas cidades de Campinas (SP), Ribeirão Preto (SP), Santos (SP) e em Brasília (DF), efetivando, então, a possibilidade da adoção de políticas públicas de transferência de renda no contexto do Sistema de Proteção Social brasileiro.

O *quarto momento*, iniciado em 2001, no decorrer do segundo mandato de Fernando Henrique Cardoso (1999-2003), com significativa expansão dos programas federais criados em 1996 (Benefício de Prestação Continuada; Programa de Erradicação do Trabalho Infantil) e criação de outros programas de iniciativa do Governo Federal (Bolsa Escola, Bolsa Alimentação, Bolsa Renda, Vale Gás, entre outros). Nesse quarto momento, registra-se ainda a ampliação do debate com a introdução da idéia de uma Renda de Cidadania para todos os brasileiros, conforme preconiza o Senador Suplicy (Suplicy, 2002), também autor do Projeto de Lei do Senado n. 266, de 2001, que institui a renda básica incondicional ou a renda de cidadania a todos os brasileiros.

O *quinto momento*, iniciado em 2003 com o Governo de Luiz Inácio Lula da Silva, que estabeleceu o Fome Zero, principal estratégia de enfrentamento da fome e da pobreza no Brasil, tendo como principal Programa o Bolsa Família, em desenvolvimento nos 5.563 municípios brasileiros e no Distrito Federal desde de 2006, cuja proposta é a unificação dos Programas de Transferência de Renda criados no Brasil por iniciativa de governos municipais e estaduais e do Governo Federal. Nesse momento, é também sancionada, pelo Presidente da República, a Renda de Cidadania, proposta pelo Senador Suplicy; é criado, em janeiro de 2004, o Ministério de Desenvolvimento Social e Combate à Fome em substituição ao Ministério da Assistência Social e o Ministério Extraordinário de Segurança Alimentar e Combate à Fome, verificando-se também progressivo crescimento no orçamento anual destinado aos Programas de Transferência de Renda (Silva, 2002a; 2002b; Silva; Yazbek; Giovanni, 2008; Silva, 2002a; Silva, 2007).

O desenvolvimento desse processo demonstra que os Programas de Transferência de Renda representam o elemento central na constituição atual do Sistema de Proteção Social brasileiro, o que requer o desenvolvimento de um processo sistemático de seu acompanhamento e avaliação para dimensionar o real impacto desses programas, sobretudo em relação a dois aspectos centrais: possibilidades para elevar o nível de escolaridade e de saúde da população e sua efetividade enquanto política pública de enfrentamento à pobreza e a desigualdade social.

Em termos empíricos, até 2003, registrava-se uma diversidade de Programas de Transferência de Renda no Brasil com a implementação de experiências de iniciativa de municípios e de estados, além de diversos programas federais implementados de modo descentralizado nos municípios brasileiros.

Em estudo realizado em 2002,[6] sobre os programas de Renda Mínima / Bolsa Escola de iniciativa de municípios e estados brasileiros, foram identificados 45 programas municipais em implementação. Destes, 60,1% encontravam-se em municípios do Estado de São Paulo, sendo que municípios dos estados das Regiões Sudeste e Sul concentravam 79,6% do total dos programas considerados, o que significa que são as cidades situadas em estados das regiões mais desenvolvidas do país que apresentam mais condições de criarem e manterem esses programas. Todavia, a grande maioria desses municípios mantinha seus programas com metas de atendimento muito inferior à quantidade de famílias pobres que se situavam nos critérios de elegibilidade para acesso a esses programas, verificando-se também a não-ampliação dessas metas ao longo do tempo de implementação dos programas e a manutenção do valor monetário dos benefícios ao longo do tempo. Ficaram postos os limites dos Programas de Transferência de Renda de iniciativa dos municípios brasileiros, tanto em termos quantitativos como no caráter restritivo e focalizador dos critérios de elegibilidade adotados.

Em relação aos Programas de Transferência de Renda de iniciativa dos governos de Estados brasileiros, o mesmo estudo identificou 11 programas em implementação, além do Programa Renda Minha de Brasília, Distrito Federal, representando 42,30% dos 26 Estados brasileiros, mantendo Programas de Renda Mínima / Bolsa Escola, de sua iniciativa. Todavia, o estudo revelou que o total de municípios atingidos nos 11 Estados era da ordem de 1.151, o que representava cerca de 20% do total dos 5.561 municípios brasileiros. Esse dado reafirma a insuficiência quantitativa também dos programas estaduais que, como os programas municipais, são limitados mais pelas dificuldades orçamentárias do que pela quantidade do público-alvo elegível por esses programas.[7]

6. Esse estudo foi realizado por uma equipe de professores da Universidade Federal do Maranhão, da Pontifícia Universidade Católica de São Paulo e do Núcleo de Estudos de Políticas Públicas da Universidade de Campinas, com apoio da Fundação de Aperfeiçoamento de Pessoal de Nível Superior — CAPES e do Conselho Nacional de Desenvolvimento Científico e Tecnológico — CNPq.

7. Uma discussão mais ampla a respeito dos resultados do estudo sobre Programas de Renda Mínima / Bolsa Escola, realizado em 2002, veja Silva, Yazbek e Giovanni, 2008, no capítulo "A realidade dos Programas de Transferência de Renda de Iniciativa de Estados e Municípios".

Os Programas de Transferência de Renda federais eram apontados no âmbito do Governo Federal de Fernando Henrique Cardoso como componentes da "rede de proteção social" no Brasil. Essa Rede, até 2003,[8] era

8. Além dos programas indicados anteriormente, até dezembro de 2004, o Governo Federal considerava como integrantes da "rede de proteção social", entre outros, os seguintes programas, também caracterizados como de transferência de renda, por ter como principal benefício a transferência de um valor monetário a indivíduos ou a famílias: 1) *Abono Salarial PIS/PASEP*, destinado a trabalhadores da iniciativa privada ou do setor público, com renda mensal média de até 2 salários mínimos no ano anterior, cadastrado no PIS (Programa de Integração Social) ou PASEP (Programa de Formação do Patrimônio do Servidor Público) há pelo menos 5 anos e trabalhando no ano anterior por pelo menos 30 dias. O benefício concedido era de um salário mínimo anual, sendo beneficiados, em 2003, 7.861.841 trabalhadores com um investimento de R$ 1.796,72 milhões. 2) *Bolsa Qualificação*, concedida ao trabalhador com contrato suspenso que fosse matriculado em curso ou programa de qualificação profissional oferecido pelo empregador, conforme disposto em convenção ou acordo coletivo de trabalho. O benefício concedido era um valor calculado com base nos três últimos salários, tendo sido beneficiado, em 2003, 1.964 trabalhadores com um investimento de R$ 2,42 milhões. 3) *Bolsa Renda* era um programa emergencial de distribuição de renda a agricultores familiares para atender a famílias que residiam em municípios sujeitos à calamidade pública conhecida pelo Governo Federal. O benefício era fixado em R$ 60,00, mas era pago apenas R$ 30,00 por mês para cada família. Até setembro de 2003, quando esse programa foi substituído pelo Programa Bolsa Alimentação, tinham sido atendidas 1.665.757 famílias com um investimento de R$ 155,35 milhões. 4) *Garantia Safra* era uma garantia de renda destinada ao pequeno agricultor do semi-árido, vítima de situações de calamidade, emergência ou estiagem que tivesse perdido de 50% a 100% de sua safra. O benefício era R$ 475,00, divididos em 5 parcelas iguais de R$ 95,00. Em 2002/2003 foram beneficiados 60.865 agricultores, com um investimento de R$ 28,91 milhões. 5) *Renda Mensal Vitalícia* era a garantia de um salário mínimo mensal a pessoas idosas com mais de 70 anos e portadoras de deficiência sem meios de subsistência própria ou amparo, instituída em 1994 e substituída em 1996 pelo Benefício de Prestação Continuada. Em 2003, foram atendidas 268.395 pessoas com investimento de R$ 774,70 milhões. 6) *Seguro Desemprego* é um benefício integrante da Seguridade Social para prover assistência financeira temporária a trabalhador desempregado, inclusive doméstico, dispensado sem justa causa, e a pescador artesanal durante o período de proibição da pesca, criado em 1986 (Decreto-lei n. 2.284/86), tendo sido adotado novos critérios a partir de 1994 (Lei n. 8.900/94). O benefício era de um salário mínimo a R$ 449,04, durante 5 meses, sendo apenas um salário mínimo para o trabalhador doméstico e para o pescador artesanal. Em 2003, foram beneficiados 4.903.323 trabalhadores, com investimento de R$ 6.523,22 milhões (BRASIL. MINISTÉRIO DE DESENVOLVIMETO SOCIAL E COMBATE À FOME, 2004). Além desses programas, pode ser considerado como Programa de Transferência de Renda a *Previdência Social Rural*, que transfere um benefício mínimo equivalente a um salário mínimo para pessoas idosas, viúvas, pessoas em licença para tratamento de saúde, em estado de recuperação por acidente de trabalho ou doenças ou que se encontrem em regime especial de aposentadoria rural. A condição é terem trabalhado em atividades rurais, mesmo sem fluxo de contribuição contínuo, com flexibilidade no tempo de contribuição, sendo

constituída dos seguintes programas: Benefício de Prestação Continuada (BPC); Programa de Erradicação do Trabalho Infantil (PETI); Programa Agente Jovem de Desenvolvimento Humano Social, todos do Ministério de Assistência Social; Programa Nacional de Renda Mínima vinculado à Educação — "Bolsa Escola", do Ministério de Educação; Programa Bolsa Alimentação do Ministério da Saúde; Auxílio Gás, do Ministério de Minas e Energia, e Cartão Alimentação do então Ministério Extraordinário de Segurança Alimentar, incorporado em 2004 pelo Ministério de Desenvolvimento Social e Combate à Fome.[9]

A indicação desse conjunto disperso e desarticulado de Programas de Transferência de Renda, desenvolvidos nos três níveis de Governo, colocou a necessidade de unificação desses programas. A concretização da proposta se iniciou com a criação do Bolsa Família, idealizado em 2003, e institucionalizado pela Lei n. 10.836, de 9 de janeiro de 2004. Fica então instituída a "política intersetorial do governo federal voltada ao enfrentamento da pobreza e ao desenvolvimento da família em situação de vulnerabilidade socioeconômica", conforme determina a Portaria n. 666, de 28 de dezembro de 2005, que disciplina a integração entre Bolsa Família e o Programa de Erradicação do Trabalho Infantil.

As reflexões desenvolvidas a partir do próximo item são orientadas por questões como: a unificação dos Programas de Transferência de Renda significa o início de um novo momento no desenvolvimento desses programas no Brasil? Qual a proposta e efetivação desse processo de unificação? Até que ponto esse novo passo representa uma evolução no objetivo central desses programas: elevar o patamar da educação e da saúde da população e superar a condição de pobreza de um largo segmento da população brasileira?

---

o objetivo a proteção especial para a economia familiar rural. Nesse regime de previdência se encontravam, em dezembro de 2003, 6.586.824 pessoas com a cobertura de recursos de R$ 19.662.549.271,16. Desses programas, continuam em implementação o Abono Salarial PIS/PASEP, o Seguro Desemprego e a Previdência Social Rural.

9. Uma caracterização geral desses programas pode ser encontrada em Silva, 2002b e em Silva; Yazbek e Giovanni, 2007, no capítulo "Os programas nacionais de transferência de renda".

1.3. Caracterização da proposta do Bolsa Família

O Programa Bolsa Família foi criado pela Medida Provisória n. 132, de 20 de outubro de 2003, transformada na Lei n. 10.836, de 9 de janeiro de 2004, e regulamentada pelo Decreto n. 5.209, de 17 de setembro de 2004. Constitui o principal Programa de Transferência de Renda em implementação no país, política intersetorial, direcionada para a unificação de programas dessa natureza. Constitui-se num Programa estratégico no âmbito da Estratégia Fome Zero,[10] tendo como principais objetivos:

a) Combater a fome, a pobreza e as desigualdades por meio da transferência de um benefício financeiro associado à garantia do acesso aos direitos sociais básicos — saúde, educação, assistência social e segurança alimentar;

b) "Promover a inclusão social, contribuindo para a emancipação das famílias beneficiárias, construindo meios e condições para que elas possam sair da situação de vulnerabilidade em que se encontram" (MDS, 2006).[11]

A unificação dos Programas de Transferência de Renda no Brasil, mediada pelo Bolsa Família, é referenciada num diagnóstico sobre os programas sociais em desenvolvimento, elaborado durante a transição do Governo Fernando Henrique Cardoso para o Governo Luiz Inácio Lula da Silva, no terceiro trimestre de 2002. Esse diagnóstico destacou, entre outros, os seguintes problemas:

a) Existência de programas concorrentes e sobrepostos nos seus objetivos e no seu público-alvo;

---

10. A estratégia do Fome Zero é representada por um conjunto de políticas governamentais e não-governamentais, cujo propósito maior é erradicar a fome e a desnutrição no país. Seus principais programas são: Bolsa Família; Programa de Aquisição de Alimentos da Agricultura Familiar (PAA); Programa Nacional de Alimentação Escolar (PNAE); Programa de Construção de Cisternas; Programa Nacional de Fortalecimento da Agricultura Familiar (PRONAF); Restaurantes Populares e Centros de Referência de Assistência Social (CRAS).

11. Essa definição de objetivos do Bolsa Família encontra-se no texto Perguntas e respostas sobre o Bolsa Família, acessado em www.mds.gov.br, no dia 20/3/2006.

b) Ausência de uma coordenação geral dos programas, propiciando desperdício de recursos, além de insuficiência de recursos alocados;

c) Ausência de planejamento gerencial dos programas e dispersão de comando em diversos Ministérios;

d) Incapacidade no alcance do público alvo conforme os critérios de elegibilidade estabelecidos pelos programas (Brasil, 2002).

Para superar essa situação, e com a justificativa de ampliação de recursos para os programas, de elevação do valor monetário do benefício e melhor atendimento dos usuários, foi, então, lançado o Bolsa Família, em outubro de 2003. A proposta inicial de unificação ficou restrita a quatro programas federais: Bolsa Escola, Bolsa Alimentação, Auxílio Gás e Cartão Alimentação, tendo sido posteriormente integrado ao Bolsa Família o Programa de Erradicação do Trabalho Infantil, conforme determinado pela Portaria GM/MDS n. 666, de 28 de dezembro de 2005. Segundo informações da Secretaria de Renda de Cidadania do Ministério de Desenvolvimento Social e Combate à Fome — MDS, também vem se verificando integração entre o Bolsa Família e alguns programas municipais e estaduais, entre os municipais: Aracajú-Sergipe, Goiânia-Goiás, Nova Lima-Minas Gerais; Palmas-Tocantins; Porto Alegre-Rio Grande do Sul; Recife-Pernambuco; Santo André-São Paulo; São Luís-Maranhão; São Paulo-São Paulo, além do Distrito Federal e dos programas estaduais do Acre; Ceará; Mato Grosso do Sul e São Paulo. A mesma fonte informa a complementação do benefício dos programas municipais de Boa Vista-Roraima; Niterói-Rio de Janeiro; Rio de Janeiro-Rio de Janeiro e do programa estadual do Rio de Janeiro. A integração do Bolsa Família com Programas de Transferência de Renda das esferas de governo estadual e municipal vem se verificando mediante a assinatura de Termo de Cooperação específico que estabelece a pactuação de cada programa com o Bolsa Família, podendo envolver a integração de programas pactuados com o Bolsa Família ou a complementação do valor monetário pago às famílias pelo Bolsa Família. No caso do pagamento integrado, as logomarcas dos entes federados parceiros são incorporados ao cartão magnético do Programa Bolsa Família, que é utilizado para o saque do benefício.

Ressalta-se que a unificação dos Programas de Transferência de Renda requer o desenvolvimento de responsabilidades partilhadas entre a União,

Estados, municípios e a sociedade, sendo a implementação descentralizada, assumida pelos municípios que aderem ao Programa mediante assinatura de Termo de Adesão, comprometendo-se a instituir comitê ou conselho local de controle social e indicar o gestor municipal do Bolsa Família, por determinação da Portaria n. 246, de 20 de maio de 2005, art. 2º.

A unificação dos Programas de Transferência de Renda mediado pelo Bolsa Família deve ser orientada para melhor focalização nas famílias pobres, instituindo-se como política de enfrentamento à pobreza no país. Nesse sentido, o foco deve ser a família, entendida como unidade nuclear, eventualmente ampliada por pessoas ligadas por laços de parentesco ou afinidade, constituindo um grupo doméstico que partilha teto e a manutenção da família com a contribuição de seus membros. Desenvolve-se sob a coordenação nacional da Secretaria de Renda de Cidadania do MDS. O Bolsa Família é considerado pelos seus idealizadores uma inovação por se propor a proteger o grupo familiar como um todo, representado, preferencialmente, pela mãe; pela elevação do valor monetário do benefício; pela simplificação e pela elevação de recursos destinados a programas dessa natureza, propondo-se também a simplificar e racionalizar o acesso das famílias aos benefícios. Tem como critério de elegibilidade a inclusão de famílias extremamente pobres, ou seja, as famílias com renda *per capita* mensal de até R$ 60,00, independentemente de sua composição e de famílias pobres, com renda *per capita* mensal entre R$ 60,01 a R$ 120,00, desde que possuam gestantes, ou nutrizes, ou crianças e adolescentes entre 0 e 17 anos. Com a correção dos valores dos benefícios ocorrida em julho de 2008, em média em 8%, as famílias extremamente pobres recebem uma transferência monetária fixa de R$ 62,00, podendo receber mais R$ 20,00 por cada filho de até 15 anos de idade, até três filhos, o que pode representar uma transferência monetária total mensal de até R$ 122,00 por família. As famílias pobres têm direito a um benefício na ordem de uma transferência monetária variável de até R$ 60,00, representado R$ 20,00 mensais por cada filho de até 15 anos de idade.[12] Na dinâmica de implementação do Bolsa Família, há que se registrar a criação do Benefício Variável Jovem, a partir de

12. O Bolsa Família vem ampliando seu público-alvo, incluindo também o atendimento de famílias sem filhos, como o caso dos quilombolas, famílias indígenas e moradores de rua.

março de 2008, que oferece uma complementação no valor de R$ 30,00 para famílias já inseridas no Programa que tenham adolescentes de 16 e 17 anos matriculados na escola, podendo cada família receber até dois benefícios, o que significa um acréscimo de até R$ 60,00 no benefício já recebido. Assim, o benefício monetário mínimo transferido para as famílias é de R$ 20,00; o benefício médio é de R$ 85,00 e o benefício máximo é de R$ 182,00.

As famílias têm liberdade na aplicação do dinheiro recebido e podem permanecer no Programa enquanto houver a manutenção dos critérios de elegibilidade e cumpram as condicionalidades indicadas, desde que lhes sejam oferecidas condições para tal.

Além da transferência monetária, para permitir a melhoria na alimentação e na elevação das condições de vida do grupo familiar, o Bolsa Família inclui no seu desenho o desenvolvimento de ações complementares mediante articulação com outros programas de natureza estruturante, principalmente no campo da educação, da saúde e do trabalho. Para reforçar a participação das famílias nesses programas, o Bolsa Família instituiu o que denomina de condicionalidades, destacando a obrigatoriedade de manutenção de filhos em idade escolar na escola; freqüência regular de crianças de 0 a 6 anos de idade aos postos de saúde; freqüência de mulheres gestantes aos exames de rotina. Essas condicionalidades são acompanhadas em nível local pelos municípios e informadas sistematicamente ao MDS.

Outra alteração introduzida foi a exigência de revisão do benefício a cada dois anos, quando as famílias deverão atualizar seus cadastros, cujo objetivo é manter no Programa somente famílias que tenham renda dentro dos critérios estabelecidos.

Em termos de meta, foram beneficiadas 3,6 milhões de famílias em 2003 com um orçamento de 4,3 bilhões de reais; foram atendidas 6.571.842 famílias até dezembro de 2004, com um orçamento de 5,3 bilhões de reais; o Programa era implementado em 5.533 municípios brasileiros (99,50%). Até dezembro de 2005, beneficiou cerca 8 milhões de famílias, atingindo 100% dos municípios brasileiros; 77% das famílias com renda *per capita* de até R$100,00, com investimento da ordem de R$ 6,5 bilhões. Em julho de 2006, foram atendidas 11.120.363 famílias, com investimento de R$ 683.130.503,00 no mês, com um orçamento para todo o ano da ordem de R$ 8,3 bilhões e, em janeiro de 2008, o atendimento registrado foi de 11.007.894 famílias, sendo o orçamento para 2008 da ordem de 10,5 bilhões de reais, o que representa 0,4% do Produto Interno Bruto.

As tabelas a seguir evidenciam, de modo mais detalhado, a dimensão quantitativa do Bolsa Família em todo o país, Estados e Regiões, tendo como referência janeiro de 2008, conforme dados acessados no site do MDS www.mds.gov.br em 08/07/2008.

A Tabela 1 evidencia que, em 19 Estados da federação, o número de famílias com o benefício liberado supera a estimativa de famílias pobres com renda *per capita* familiar de até R$ 120,00 (conforme a PNAD-IBGE, 2004). Tais Estados são: Acre, Amapá, Bahia, Ceará, Minas Gerais, Mato Grosso do Sul, Mato Grosso, Maranhão, Pará, Paraíba, Pernambuco, Paraná, Piauí, Rio Grande do Norte, Rondônia, Rio Grande do Sul, Santa Catarina, Sergipe e Tocantins. Verifica-se ainda que 05 Estados têm atendimento superior a 90% das famílias pobres (Alagoas, Amazonas, Espírito Santo, Goiás e Rio de Janeiro) e 02 Estados (Roraima e São Paulo) e o Distrito Federal apresentam atendimento superior a 80%, sendo que o Brasil, em termos gerais, apresenta um atendimento de 99,14% de famílias consideradas pobres pelos critérios do Bolsa Família, de acordo com a estimativa do IBGE, no ano de 2000.

Todavia, considerando dados também da tabela acima, tomando como referência as famílias pobres com renda de até R$ 120,00 cadastradas até 31/03/2008, a situação do atendimento do Bolsa Família é significativamente alterada. Ou seja, apenas um Estado (Acre) e o Distrito Federal alcançaram um atendimento de 100% das famílias consideradas. Com efeito, um Estado (Roraima) apresentou 91,85% das famílias cadastradas atendidas e 16 Estados, ou seja, a grande maioria, apresentou um percentual de atendimento superior a 80,0% (Alagoas, Amazonas, Bahia, Ceará, Espírito Santo, Goiás, Minas Gerais, Mato Grosso do Sul, Maranhão, Paraíba, Pernambuco, Piauí, Rio de Janeiro, Rio Grande do Norte, São Paulo e Tocantins), enquanto 07 Estados apresentaram um percentual de atendimento superior a 70,0% (Amapá, Mato Grosso, Pará, Paraná, Rondônia, Rio Grande do Sul e Sergipe); apena o Estado de Santa Catarina apresentou percentual de 69,89%, o menor percentual de atendimento. No Brasil, em termos gerais, se consideradas as famílias cadastradas com renda de até R$ 120,00 em 31/03/2008, o atendimento foi de 81,40% dessas famílias.

Tabela 1
Situação do Bolsa Família em relação aos Estados e ao Brasil

Estados	População total (PNAD/IBGE) 2004	Estimativa de famílias pobres até R$ 120,00 (IBGE) 2004	Famílias pobres até R$120,00 cadastradas 31/03/2008	Famílias Beneficiárias c/o benefício liberado 05/2008	% de famílias pobres atendidas	% de famílias cadastradas atendidas
Acre	632.174	55.397	56.986	56.986	103,52	100
Alagoas	2.987.366	360.313	400.669	357.096	98,40	82,12
Amazonas	3.191.283	224.845	261.386	223.806	97,65	85,62
Amapá	577.274	39.326	52.908	40.217	100,76	76,01
Bahia	13.704.576	1.408.207	1.678.627	1.422.676	100,28	84,75
Ceará	7.998.848	896.883	1.019.430	901.567	100,15	88,43
Distrito Federal	2.291.475	95.964	76.237	76.237	81,79	100
Espírito Santo	3.362.424	199.238	211.549	186.807	93,52	88,30
Goiás	5.528.853	263.479	323.284	263.948	99,75	81,64
Minas Gerais	19.038.702	1.044.407	1.329.374	1.068.230	102,24	80,35
Mato Grosso do Sul	2.233.597	110.119	133.928	112.129	102,01	83,72
Mato Grosso	2.759.139	127.689	178.883	130.922	103,92	73,18
Maranhão	6.036.603	718.912	904.613	743.431	103,06	82,18
Pará	6.856.714	529.384	687.372	541.000	101,71	78,70
Paraíba	3.573.428	395.093	500.647	416.890	105,32	83,27
Pernambuco	8.340.445	909.030	1.070.964	920.216	100,45	85,92
Paraná	10.158.740	402.447	558. 556	400.086	100,54	71,62
Piauí	2.982.729	352.128	449.890	371.070	104,85	82,48
Rio de Janeiro	15.236.904	539.158	625.733	504.061	90,84	80,55
Rio Grande do Norte	2.969.668	291.158	359.080	302.320	103,75	84,19
Rondônia	1.511.433	93.732	123.694	97.436	104,14	78,77
Roraima	381.445	37.521	36.165	33.218	88,28	91,85
Rio Grande do Sul	10.750.592	402.962	507.019	404.181	100,87	79,71
Santa Catarina	5.791.238	121.633	186.514	130.355	110,47	69,89
Sergipe	1.940.723	167.311	338.635	186.639	111,36	78,21
São Paulo	39.939.203	1.212.955	1.274.127	1.086.736	86,29	85,29
Tocantins	1.283.780	103.479	131.985	108.109	103,46	81,91
Brasil	182.062.687	11.102.770	13.618.080	11.086.369	99,14	81,40

Fonte: MDS <www.mds.gov.br>, acessado em 8 jul. 2008.

Segundo dados do MDS, ao completar quatro anos, no dia 20 de outubro de 2007, o Bolsa Família atendia a 45,6 milhões de brasileiros.

Não resta dúvida de que o Bolsa Família vem atendendo quantitativamente a um público altamente significativo, sobretudo se considerados os programas sociais anteriores que se direcionavam ao atendimento de famílias pobres, com cobertura de todos os municípios brasileiros. Todavia, entendo que a focalização, enquanto uma discriminação positiva que se propõe a incluir toda a população que atende aos critérios definidos para inclusão, ainda representa um desafio a ser vencido. Ademais há que se destacar o valor muito baixo do corte de renda para inclusão das famílias e o valor também muito baixo transferido para as famílias a título de benefício direto do Programa, fatores esses limitantes quando a proposição é mais que administrar ou controlar a pobreza, mas a sua superação.

Tabela 2

Situação do Bolsa Família em relação às regiões

Regiões	População total (PNAD/IBGE) 2004	Estimativa de famílias pobres até R$ 120,00 (IBGE) 2004	Famílias pobres até R$ 120,00 cadastradas 31/03/2008	Famílias Beneficiárias c/o benefício liberado 05/2008	% de famílias pobres atendidas	% de famílias cadastradas atendidas
Nordeste	50.534.386	5.499.035	6.622.555	5.621.905	101,70	84,89
Sudeste	77.577.233	2.995.758	3.440.777	2.845.834	93,15	82,70
Sul	26.700.570	927.042	1.252.089	934.622	101,99	74,64
Norte	14.434.103	1.083.684	1.350.496	1.100.772	100,84	81,50
Centro-Oeste	12.813.064	597.251	712.332	589.236	98,17	82,27

Fonte: MDS <www.mds.gov.br>, acessado em 8 jul. 2008.

Em termos de atendimento, considerando os dados do IBGE, as Regiões Nordeste, Sul e Norte atendem a um número de famílias que supera a estimativa de famílias pobres em 2004, conforme os critérios do Bolsa Família. Destaca-se ainda o elevado índice de atendimento na Região Sudeste (93,15%). Todavia, se consideradas as famílias com renda *per capita* de até R$ 120,00, perfil do Bolsa Família, cadastradas (referência março de 2008), o quadro de atendimento do Bolsa Família diminui em todas as regiões, destacando-se o maior percentual de atendimento de famílias na Região Nordeste (84,89%), a região de maior concentração de pobreza no país. As Regiões Sudeste, Centro-Oeste e Norte apresentaram atendimento das famílias cadastradas em torno de 80,00%. Nessa segunda situação, a Região Sul é a que apresentou o menor percentual de famílias cadastradas atendidas (74,64%).

Os dados referidos reafirmam o significativo alcance quantitativo do Programa Bolsa Família, embora ainda tenha como desafio o atendimento universal de todas as famílias pobres do Brasil que apresentem uma renda per capita familiar, mesmo no baixo patamar de até R$ 120,00. Em relação aos impactos do Bolsa Família, a questão principal que se coloca não é em termos de melhorias de condições imediatas de vida das famílias, impacto inquestionável, mas se refere à capacidade de o Programa atuar como mecanismo efetivo de superação da pobreza e não apenas de sua manutenção num determinado nível ou como mecanismo de controle social dos pobres, conforme já considerado anteriormente.

1.4 Dimensões centrais no programa Bolsa Família[13]

1.4.1 A unificação dos programas de transferência de renda

A proposta de unificação dos Programas de Transferência de Renda no Brasil, eixo mobilizador da instituição do Programa Bolsa Família, é apresentada como evolução e inovação no âmbito dos Programas de Transferência de Renda em implementação no Brasil a partir de 1995. Orienta-se pela busca de maior racionalização desses programas e simplificação de acesso da população-alvo, tendo em vista elevar sua efetividade no combate à fome e à pobreza, prioridade social do Governo Lula. Apresenta-se como

13. As reflexões contidas nesse item foram inicialmente abordadas em Silva (2007).

uma estratégia capaz de melhor proteger o grupo familiar como um todo, permitindo, inclusive, a elevação do valor monetário do benefício. Requer ações partilhadas entre União, Estados e Municípios e a participação da sociedade, podendo significar um passo adiante e importante no campo das Políticas Sociais (Fonseca, 2003).

Faz parte do ideário da unificação ter-se um programa mais justo, racional e eficiente, como manifestado no discurso do Presidente da República no lançamento do Programa. A unificação também deve elevar as possibilidades de melhor focalização no enfrentamento da fome e da pobreza no Brasil, por permitir ajustamento nesse foco de atenção, devendo considerar a necessidade de desenvolvimento sistemático de um processo de monitoramento e avaliação do Programa e das condições de vida das famílias beneficiárias.

Partindo do ideário referido, construído pelos idealizadores do Bolsa Família, torna-se necessário considerar, que a unificação dos Programas de Transferência de Renda requer um trabalho complexo se considerado o processo das Políticas Públicas. Esse processo só se faz com muitas negociações políticas entre os sujeitos interessados, no caso, representados por diversas instituições (diferentes ministérios, prefeituras, governos estaduais). Estes sujeitos representam interesses e racionalidades próprias e diversificadas, nem sempre conciliáveis (Silva, 2004, p. 42-43).

Ademais, destaco ainda a necessidade de serem considerados determinados pré-requisitos para permitir a real funcionalidade e efetividade dessa proposta de unificação:

a) A unificação desses programas não é suficiente. Não pode ser apenas uma tarefa de gestão. O mais importante é a construção de um Sistema de Proteção Social com capacidade para atender a todos em situação de risco e vulnerabilidade.

b) A unificação deve se orientar por um sistema que considere a multifuncionalidade e a complexidade da pobreza que requer redistribuição de renda e alocação democrática de serviços sociais básicos para atender a todos os cidadãos que deles necessitem.

c) A unificação proposta demanda estrutura apropriada e estável da administração local porque o Bolsa Família é implementado de modo descentralizado, bem como requer profissionais qualificados para implementação do Programa.

d) Uso adequado e eficiente de mecanismos para garantir a focalização das famílias-alvo do Programa e capacidade para atender a toda a população elegível pelos critérios estabelecidos.

e) Adoção de um sistema de cadastro único adequado e funcional e coordenações local e nacional ágeis e articuladas.

f) Garantia de articulação efetiva da transferência monetária com outras Políticas Sociais e com uma Política Econômica redistributiva, capaz de promover condições de vida estáveis e superar as condições de pobreza das famílias.

g) Demanda a existência e articulação de uma rede local de serviços para atender às necessidades das famílias beneficiárias do programa.

O processo de unificação dos Programas de Transferência de Renda se iniciou com a assinatura de Termos de Adesão do Programa Bolsa Família com os Estados e os Municípios.[14] Isso ocorreu no período de 2003 a 2005, quando o Programa conseguiu chegar a todos os municípios. A migração dos programas federais (Bolsa Escola, Auxílio Gás, Bolsa Alimentação e Cartão Alimentação) já foi praticamente concluída.[15] Nesse processo foi também desenvolvido um trabalho de revalidação do cadastro das famílias beneficiárias sob a responsabilidade dos Estados e Municípios e com o financiamento do Governo Federal.

---

14. Nesses instrumentos são definidos uma Coordenação Estadual do Bolsa Família e coordenações municipais, com respectivas atribuições, sendo exigida a existência de uma instância local de controle social para desenvolver o acompanhamento do Programa no Município, podendo ser uma entidade já existente, preferentemente o Conselho Municipal de Assistência Social.

15. Dados acessados no site do MDS <www.mds.gov.br>, em 8 jul. 2008 revelam que, em maio de 2008, foram liberados benefícios para 1.218 famílias do Bolsa Escola; 62, do Bolsa Alimentação; 269.595 do Auxílio Gás e 18.386 do Cartão Alimentação.

Em estudo empírico desenvolvido nos Estados do Maranhão e do Piauí, cujos resultados são objeto de exposição nessa coletânea,[16] foram identificados aspectos fundamentais sobre a questão da unificação desses programas. Senão, vejamos:

a) O processo de unificação mediado pelo Bolsa Família só alcançou quatro programas de transferência de renda federais. Ou seja, continuam de fora desse processo programas instituídos pelos governos municipais e estaduais, sendo também desenvolvida a integração do PETI com o Bolsa Família. Em relação a programas municipais e estaduais, o que vem ocorrendo é um esforço de integração do Bolsa Família com alguns programas, conforme mencionado anteriormente. Ademais, nesse processo, alguns programas municipais, como o Programa Bolsa Parceria de São Luís, passaram a adotar critérios mais restritivos para inclusão das famílias, verificando-se também a redução dos valores dos benefícios; outros foram interrompidos, como o Programa Bolsa Escola de Belém e, em alguns casos, ainda ocorre de a mesma família participar do programa federal, do municipal e do estadual. O certo é que os programas municipais e estaduais vêm perdendo força em razão do caráter massivo do Bolsa Família, o que pode ser considerado um movimento em direção à unificação dos Programas de Transferência de Renda no Brasil.

b) A classificação das famílias em extremamente pobres e é feita pela adoção de valores monetários referentes às rendas *per capita* familiares, respectivamente, de R$ 60,00 e de R$ 120,00. Esses valores são considerados muito baixos para permitir a inclusão de contingentes significativos de famílias que vivenciam situação de pobreza. Ademais, a pobreza é dimensionada somente pelo critério da renda declarada, variável insuficiente para dimensionar a complexidade, o caráter estrutural e multidimensional da pobreza. Além de esses valores restringirem o número de famílias para inclusão no Pro-

16. Resultados mais detalhados sobre o estudo referenciado encontram-se expostos nos capítulos 2 e 3 desta coletânea.

grama Bolsa Família, essa classificação é difícil de ser explicada e compreendida pelas famílias, conforme revelado no estudo referenciado. Há que se considerar que esse critério termina restringindo a inclusão no Programa quase que exclusivamente de famílias com os membros inseridos no mercado informal de trabalho, por não precisar comprovação da renda, ficando preteridas famílias com trabalhadores do setor formal, mesmo com baixo salário, por não poderem omitir a renda recebida.

c) Acrescenta-se que os valores da transferência monetária do Bolsa Família para as famílias beneficiárias são muito diversificados, definidos pelas variadas situações das famílias que são classificadas como extremamente pobres e pobres e cada família possui número diversificado de filhos. Além de os valores monetários transferidos serem muito variados, estes são extremamente baixos para permitir alterações significativas na condição de vida das famílias.[17] O entendimento dos participantes do estudo referenciado é de que a manutenção de valores diferenciados enquanto critério de inclusão e para concessão do benefício, em si, já contradiz uma concepção mais ampla de unificação, fazendo com que tal unificação fique reduzida à idéia de junção de programas federais em torno de um único programa, o Bolsa Família, permitindo uma gestão unificada, mas no essencial — que seriam os critérios de elegibilidade e o valor do benefício —, a unificação não vem ocorrendo. Ademais, essa diversidade de situações é incompreensível para as famílias beneficiárias e para a sociedade, em geral, dificultando a transparência do Programa.

d) O estudo também revelou articulação insatisfatória entre a transferência monetária às famílias e a participação de seus membros em programas estruturantes, principalmente no campo do trabalho, o que, segundo os informantes que participaram do estudo, limita muito a possibilidade de autonomização das famílias.

---

17. Lembrando, o valor médio transferido às famílias a partir de julho de 2008 é de R$ 85,00; o valor mínimo é de R$ 20,00 e o valor máximo de R$ 182,00.

e) Foi ainda ressaltado não se registrar melhoria significativa na qualidade do ensino e no atendimento à saúde, aspectos fundamentais que configuram a dimensão estruturante do Bolsa Família, embora venha se registrando avanço quantitativo da busca desses serviços por parte das famílias beneficiárias do Bolsa Família, até porque são esses os aspectos exigidos para permanência no Programa.

Finalmente, entendo que o processo de unificação dos Programas de Transferência de Renda, mediado pelo Bolsa Família, precisa ser acompanhado e avaliado no seu percurso para permitir as devidas correções. Há que se considerar, todavia, que a proposta em si representa, sem dúvida, um avanço para a política social brasileira. Isso por se direcionar rumo ao estabelecimento de uma Política Nacional de Transferência de Renda enquanto estratégia de enfrentamento da fome e da pobreza. Deve ser estimulado e apoiado o envolvimento e a participação de Estados e municípios, oferecendo suportes diferenciados, considerando a situação de cada município e respeitando as especificidades e autonomias dos sujeitos locais.

1.4.2 A proposta de condicionalidades do Bolsa Família

O Programa Bolsa Família mantém um conjunto de indicações denominadas condicionalidades, consideradas, pelos idealizadores do Programa, contrapartidas sociais que devem ser cumpridas pelo núcleo familiar para que possa receber o benefício mensal. Visam certificar o compromisso e a responsabilidade das famílias atendidas e representam o exercício de direitos para que as famílias possam ter maiores possibilidades de autonomia e, assim, possam alcançar uma inclusão social sustentável (Portaria GM/MDS n. 551, de 9 de novembro de 2005). São, então, destacadas as seguintes condicionalidades pela mesma portaria no seu art. 2º:

a) Na área da educação, freqüência mínima de 85% da carga horária mensal de crianças ou adolescentes de 6 a 15 anos de idade que componham as famílias beneficiárias, matriculadas em estabelecimento de ensino;

b) Na área da saúde, o cumprimento da agenda de saúde e nutrição para famílias beneficiárias que tenham em sua composição gestantes, nutrizes e ou crianças menores de 7 anos.[18]

Aos municípios, através dos gestores do Bolsa Família, compete acompanharem diretamente o cumprimento das condicionalidades por parte das famílias beneficiárias, criando as condições necessárias para que esse acompanhamento ocorra, enviando informações periodicamente ao MDS. Todavia, nesse processo são definidas atribuições específicas para cada nível de gestão. As sanções previstas no caso de não-cumprimento das condicionalidades por parte das famílias são gradativas quando o descumprimento não for justificado, indo do bloqueio do benefício por 30 dias à suspensão por 60 dias e cancelamento do benefício.[19] No caso de cancelamento, a família, que é notificada, só poderá retornar ao Programa após o prazo de 180 dias, quando mantidas as condições de elegibilidade para participação no Programa e se existir disponibilidade orçamentária e financeira para concessão de novos benefícios no município.

As condicionalidades, instituídas por Programas de Transferência de Renda municipais, estaduais e por programas federais e reafirmadas pelo Bolsa Família, na visão dos idealizadores, voltam-se para a garantia de acesso a direitos sociais básicos, tendo em vista a potencialização no sentido de impactos positivos para a automização das famílias beneficiárias. Essa interpretação não elimina problemas e desafios decorrentes. Por exemplo, para alguns, o princípio jurídico da não condicionalidade de todo cidadão ter acesso a condições de sobrevivência dentro de padrões humanos de dignidade é preterido pela condicionalidade imposta pelo Bolsa Família, embora possa se considerar que acesso à educação e a medidas de atendimento básico à saúde são também direitos fundamentais garantidores

---

18. A agenda de saúde se refere principalmente a exame de rotina, pré-natal e vacinação, acompanhamento do estado nutricional das crianças e atividades educativas ofertadas pelas equipes de saúde.

19. É importante ressaltar que o desligamento de uma família do Programa é um processo longo e só ocorre após o quinto descumprimento de determinada condicionalidade e desde que fique comprovada a responsabilidade da família nesse descumprimento.

da dignidade da vida de todo cidadão. Nesse debate, há que se considerar que os serviços sociais básicos oferecidos pela grande maioria dos municípios brasileiros, mesmo no campo da educação, da saúde e do trabalho são insuficientes, quantitativa e qualitativamente, para atendimento das necessidades das famílias beneficiárias dos Programas de Transferência de Renda. A questão que coloco é que o debate sobre condicionalidades nos Programas de Transferência de Renda deve ser orientado em duas direções. De um lado, tem-se o dever do Estado, nos seus três níveis, de expandir e democratizar os serviços sociais básicos de boa qualidade, disponibilizando-os a toda a população. Entendo que uma vez disponíveis, esses serviços seriam utilizados por todos, sem imposição e obrigatoriedade. O trabalho do Estado e da sociedade, nesse aspecto, poderia voltar-se para o desenvolvimento de ações educativas, de orientação, de circulação de informações, de encaminhamento e acompanhamento das famílias para que essas pudessem buscar ter acesso e fazer uso adequado dos serviços disponíveis. Assim concebidas, as condicionalidades, ao contrário de restrições, imposições ou obrigatoriedades, significariam ampliação de direitos sociais (Silva, 1997), isto é, se situariam mais no campo da educação do que da punição, conforme é o entendimento da maioria dos informantes que participaram de grupos focais no estudo empírico aqui referenciado.

1.4.3 A focalização no Bolsa Família

É importante pontuar inicialmente qual a concepção de focalização adotada como referência para considerar o Bolsa Família. Em trabalho anterior, entendi focalização, em termos gerais, como o "direcionamento de recursos e programas para determinados grupos populacionais, considerados vulneráveis no conjunto da sociedade" (Silva, 2001, p. 13). Lembrava também que a focalização no contexto das reformas dos programas sociais na América Latina, orientadas pelo ideário neoliberal, passou a significar medidas meramente compensatórias para mitigar os efeitos do ajuste estrutural, cuja conseqüência mais preocupante foi a elevação dos índices de pobreza no continente, principalmente se consideradas as populações já vulneráveis e marcadas por um intenso e longo processo de pobreza estrutural. Sabe-se que a prevalência da adoção de medidas de ajuste estrutural serviu também para enfraquecer a luta de movimentos organizados da sociedade pela universalização de direitos sociais e por políticas sociais universais. Nessa perspectiva, entendo ser possível a identificação de concepções diferenciadas de focalização. De um ponto de vista, temos uma *concepção progressista/redistributiva*. Essa concepção preconiza complementaridade entre a política social e a política econômica, centrando-se na responsabilidade social do Estado. Requer ampla cobertura, elevado padrão de qualidade dos serviços prestados e uma estrutura institucional com condições de prestar os serviços requeridos ao público-alvo, o que significa a existência de instituições com pessoal qualificado e uma estrutura suficiente para prestar serviços de boa qualidade. Venho situando essa concepção de focalização no que denomino de *discriminação positiva* (Silva, 2001; Silva, 2007). O objetivo desse tipo de intervenção focalizada é, sobretudo, elevar o nível de vida das populações-alvo de modo a oportunizar a efetiva participação destes na repartição de riqueza e dos bens e serviços socialmente produzidos (Silva, 2001, p. 14). Sobretudo, a discriminação positiva implica que toda a população que atende aos critérios definidos para a focalização deve ser incluída, o que passa a significar uma universalização em relação a uma dada população, rompendo com a dicotomia universalização *versus* focalização. O desafio que se coloca a qualquer tentativa de focalização se refere à formulação de critérios de inclusão justos e à adoção de mecanismos capazes de alcançarem, realmente, a população-alvo da focalização.

Partindo de outra referência, que classifico no campo *neoliberal/conservador* de focalização, a busca se limita ao desenvolvimento de medidas de políticas e programas sociais que visam somente aliviar, mitigar ou atenuar a pobreza. Contrariamente à perspectiva progressista / distributivista, tem-se um processo de desresponsabilização do Estado, com corte de recursos dos programas sociais; opção por programas sociais de natureza compensatória, emergenciais, assistencialistas, insuficientes, descontínuos, tendo como foco a indigência ou extrema pobreza. Trata-se de uma abordagem ou perspectiva de conteúdo que mais fragmenta do que focaliza na população pobre que requer intervenção específica do Estado para superação da situação de pobreza vivenciada. Trata-se de um tipo de focalização incapaz de alcançar a totalidade dos segmentos populacionais que estão demandando atenção especial (Silva, 2007, p. 1435).

O Bolsa Família é um Programa que se orienta pela focalização em famílias consideradas pobres ou extremamente pobres. Importa saber qual a concepção de focalização adotada, senão vejamos.

Vários estudos sobre a questão da focalização dos Programas de Transferência de Renda (IBGE, PNAD, 2005; Soares et al., 2006; Soares et al., 2007) no seu público-alvo têm demonstrado que esses programas apresentam maior capacidade de focalização, se considerados, historicamente, os programas sociais direcionados para a população brasileira pobre. Todavia, implementar programas focalizados num país com 5.563 municípios, marcado por profundas diversidades regionais e por uma cultura política patrimonialista e do favor, é, de fato, um grande desafio que coloca constantemente a possibilidade de algum nível de distorção, aliás, esse é um limite de qualquer programa focalizado. No caso dos Programas de Transferência de Renda, mormente o Bolsa Família, algumas medidas vêm sendo consideradas para minimizar possíveis distorções de focalização no seu público alvo, tais como: o aperfeiçoamento do Cadastro Único,[20] o que já vem ocorrendo;[21] o cruzamento de dados com outros bancos de dados, como a Relação Anual de Informações Sociais — RAIS do Ministério do Trabalho; o Seguro Desemprego; Imposto de Renda e o Número de Identificação do Trabalhador — NIT, utilizado pela Previdência Social, entre outros, o que certamente permitirá reduzir dualidades e inclusões indevidas de famílias no Programa. Também convém destacar a ação das instâncias de controle social do Bolsa Família e as ações do Ministério

20. O Cadastro Único dos programas sociais do Governo Federal foi criado pelo Decreto n. 3.877, de 24 de julho de 2001, tornando-se obrigatório em setembro de 2001. Já passou por várias modificações, na busca de seu aperfeiçoamento e efetivo uso por parte dos três níveis de governo na condução de programas sociais. É um instrumento de coleta de dados junto a famílias com renda *per capita* familiar mensal de até meio salário mínimo, destinado à avaliação e planejamento das ações sociais de todos os níveis de governo.

21. A restrição de cadastramento de famílias apenas com renda *per capita* de meio salário mínimo é uma modificação nessa direção.

Público. O estudo empírico apresentado nessa coletânea evidenciou que, mais freqüentemente, situações de denúncia têm se verificado em relação a municípios do interior onde o favorecimento político de parentes e amigos é mais presente (Silva, 2007, p. 1436).

Como visto anteriormente, o ponto central do debate é a questão da universalização e da focalização. Todavia, o real problema não parece ser oposição entre universalização e focalização, mas o desafio de desenvolver procedimentos eficazes para identificar e atingir os segmentos mais pobres da população, ou seja, pode-se ter uma concepção relativa de universalização e entender a focalização como um esforço de discriminação positiva. Nesse sentido, um programa pode ser universal, em termos relativos, quando consegue alcançar integralmente grupos de pessoas para os quais se destina.

Como considero em estudo anterior (Silva, 2007), no caso do Bolsa Família, mais que a problemática da focalização, merecem atenção os critérios de elegibilidade utilizados para inclusão das famílias, centrados tão-somente na renda e considerando um patamar de renda extremamente baixo para classificação das famílias nas categoria pobre e extremamente pobre. Com isso, é criada uma situação que, mesmo que o Programa atenda a todas as famílias brasileiras de acordo com os critérios estabelecidas, muitas, certamente, em situação de pobreza ficarão de fora. Ademais, o valor do benefício também extremamente baixo pouco contribuirá para a ultrapassagem da linha de pobreza por parte das famílias atendidas, podendo apenas proporcionar uma "integração" precária, marginal e em nível de sobrevivência.

1.5 Conclusão: os programas de transferência de renda e o enfrentamento da pobreza no Brasil

Nessa conclusão, são consideradas como expressões relevantes da questão social na contemporaneidade brasileira: a pobreza, a indigência e a fome. Assim, torna-se importante problematizar o alcance que as políticas sociais adotadas, ao longo de diferentes conjunturas do Estado brasileiro, têm representado para enfrentamento de situações de pobreza, de indigência e de fome no país.

Em primeiro lugar, tem-se um desenvolvimento histórico de programas sociais fragmentados, descontínuos e insuficientes para produzir impactos significativos no quadro apresentado. Ademais, esses programas têm sido desenvolvidos de modo desarticulado de uma política econômica geradora de emprego e renda e capaz de redistribuir a riqueza socialmente produzida, além de ter-se no país ciclos de crescimento econômicos curtos e interrompidos.

Situo a análise dos programas ditos de enfrentamento à pobreza e, particularmente, os Programas de Transferência de Renda, no campo do que Castel (1999) denomina de *políticas de inserção*, ou seja, aquelas que atuam sobre os efeitos do disfuncionamento social, sem alterar os processos geradores da situação identificada, diferentemente de medidas classificadas pelo autor como de *integração*, representadas por políticas sociais mais gerais de caráter preventivo e não só reparadoras. As primeiras são políticas de inclusão precária e marginal, orientadas pela focalização na população pobre ou extremamente pobre, sem considerar as determinações mais gerais e estruturais de sua situação de pobreza. Podem ser capazes até de incluir pessoas nos processos econômicos de produção e de consumo, porém de uma forma marginal e precária, podendo produzir um segmento de indigentes ou de pobres "integrados", mantidos na sua situação de mera reprodução. Tem-se uma pobreza regulada ou controlada, mas não superada, servindo para atenuar o caráter "perigoso" que é atribuído aos pobres, para permitir o funcionamento da ordem com o controle social assumido por essas políticas sociais.

É importante, porém, se considerar que essa análise não pode invalidar o significado que esses programas têm para a população beneficiária, em parte destituída de trabalho, de renda e de mínimas condições de subsistência. O que se questiona é o limite dessas políticas para alterar, de modo mais profundo, as situações de pobreza e suas conseqüências. Significa dizer que o mérito das políticas de inserção, conforme indica Castel (1999), é de impedir o abandono definitivo de novas populações colocadas por crises em situação de inutilidade social, no caso dos países desenvolvidos. No caso brasileiro, essas políticas têm significativa contribuição para minimizar o quadro de precariedade de segmentos da população que vivenciam, geração após geração, situação de pobreza estrutural.

Com essa referência, é possível identificar algumas potencialidades dos Programas de Transferência de Renda.

Primeiramente, reafirmo que os Programas de Transferência de Renda constituem a principal política de enfrentamento à pobreza na atualidade no Brasil, pela dimensão quantitativa do público atendido e pelo volume de recursos aplicado. Ademais, o processo de unificação em desenvolvimento pode ser considerado aspecto positivo no desenvolvimento das políticas sociais brasileiras, historicamente fragmentadas, descontínuas e insuficientes para o atendimento do quadro social de extrema pobreza. Acrescenta-se a esses aspectos que estudos têm demonstrado que os Programas de Transferência de Renda representam experiências bem sucedidas na focalização do seu público-alvo (PNAD, 2004; Soares, 2006; Soares et al., 2007).

Todavia, ao lado desses aspectos potencializadores, limitações estruturais dos Programas de Transferência de Renda constituem dificuldades e desafios que precisam ser enfrentados. Entre as dificuldades estruturais, merece destaque a adoção do critério somente da renda para definição dos pobres e extremamente pobres incluídos no Bolsa Família, o maior Programa de Transferência de Renda em implementação no país. Esse critério, além de não considerar a dimensão multidimensional da pobreza, fixa para inclusão uma renda *per capita* familiar muito baixa, deixando de fora muitas famílias que vivenciam extremas dificuldades. Igualmente, o benefício monetário transferido para as famílias é extremamente baixo, devendo ser elevado para um patamar de pelo menos um salário mínimo para produzir impactos positivos na ultrapassagem da linha de pobreza por parte dessas famílias. Outra limitação estrutural dos Programas de Transferência de Renda, de caráter ainda mais significativo, é a desarticulação desses programas de uma política macroeconômica que garanta um crescimento econômico sustentável e uma redistribuição de renda mais eqüitativa, além da necessidade de garantia de articulação mais efetiva entre o benefício monetário transferido para as famílias e seu acesso a serviços sociais básicos e a ações nas áreas de educação, saúde e trabalho, de modo a oportunizar àquelas pessoas que tenham possibilidade de autonomização não virem no futuro continuar a depender dos Programas de Transferência de Renda.[22]

No âmbito dessa conclusão, não posso desconsiderar que estudos recentes, como o realizado pelo BIRD, 2006 ("Ascensão e queda da desigualdade brasileira"); pelo IPEA, 2005 ("Radar social"), pelo IBGE, 2005 ("Miséria em queda") e Pesquisa Nacional-PNAD 2004, 2005 e 2006, realizados pelo IBGE, Soares et al., 2007 entre outros estudos, evidenciam um declínio da pobreza e da desigualdade social no Brasil, principalmente a partir de 2001. No geral, os estudos creditam essas alterações à estabilidade da moeda; à recente diminuição do desemprego; ao reajuste do salário mínimo em índices superiores à inflação, e aos Programas de Transferência de Renda, pela sua expansão e maior focalização na população pobre. Todavia, na direção da argumentação que venho apresentando, destaco que estudo, também recente, desenvolvido sobre os impactos dos Programas de Transferência de Renda na redução da desigualdade e da pobreza no Brasil (Soares *et al.*, 2006) demonstrou que o Programa Bolsa Família é bem focalizado nas famílias pobres brasileiras. Todavia, tem sido capaz de melhorar a situação imediata de vida dessas famílias, sem, contudo, produzir impactos significativos na redução do nível de pobreza em que se encontram. A mesma pesquisa demonstrou que só os Programas de Transferência de Renda que transferem um salário mínimo para indivíduos, o Benefício de Prestação Continuada e o Seguro Social Rural, apresentaram impacto significativo na redução da pobreza no Brasil. Todavia, dado seu caráter massivo e sua capacidade de excelente focalização nas famílias de mais baixa renda, o Bolsa Família, apesar do baixo impacto para redução direta da pobreza, tem contribuído significativamente para a redução da desigualdade, o que significa também contribuir, mesmo que indiretamente, para a redução da pobreza. Ademais, certas pessoas, em razão de determinações estruturais ou

22. Entendo que é dever do Estado oferecer condições de vida com dignidade para aquela parte da população que, por algum motivo, não consiga prover sua subsistência por si própria.

mesmo pessoais, não conseguem um nível de autonomização que garanta uma vida com dignidade.

Considerando a problematização e os resultados das pesquisas referenciadas, reafirmo a necessidade de articulação dos Programas de Transferência de Renda com uma política macroeconômica de crescimento sustentável e de redistribuição de renda, para que possam significar mais que melhorias imediatas das condições de vida de famílias que vivem em extrema pobreza, o que já é importante. Ou seja, para que possam ultrapassar a denominada linha de pobreza.

Referências bibliográficas

ATKINSON, Anthony B. *Public economics in action*. The basic income/flat tax proposal. Oxford: Oxford University Press, 1995.

BIRD. *Ascensão e queda da desigualdade brasileira*, 2006.

BRASIL. *Relatório de governo de transição sobre os programas sociais*. Brasília, 2002 (mimeo.).

BRASIL. Ministério de Desenvolvimento Social e Combate à Fome. Portaria GM/MDS n. 551, de 9 de novembro de 2005. Regulamenta a gestão das condicionalidades do Programa Bolsa Família, 2005.

______. Portaria GM/MDS n. 246, de 20 de maio de 2005. Aprova instrumentos para termo de adesão com os municípios, 2005.

______. *Análise comparativa de programas de proteção social 1995 a 2003*. Brasília, 2004. Disponível em: <www.fomezeo.gov.br>, acesso em: 7 fev. 2005.

______. Perguntas e respostas sobre o Bolsa Família. Brasília, 2005. Disponível em: <www.mds.gov.br>, acesso em: 20 mar. 2006.

______. Presidência da República. Medida Provisória n. 132, de 20 de outubro de 2003, 2003.

______. Lei n. 10.836, de 9 de janeiro de 2004. Institui o Programa Bolsa Família, 2004.

BRASIL. Ministério de Desenvolvimento Social e Combate à Fome. Decreto n. 5.209, de 17 de setembro de 2004. Regulamenta o Programa Bolsa Família, 2004.

BRESSON, Yolan. *L'aprés salarial: une nouvelle approche de l'économie*. 2. ed. Paris: Econômica, 1993.

BRITTAN, Samuel. *Capitalism with a human face*. Aldershot: Edward Elgar, 1995.

CAMARGO, José Márcio. Os miseráveis. *Folha de S.Paulo*. São Paulo, 3 mar. 1993.

______. Pobreza e garantia de renda mínima. *Folha de S.Paulo*, 26 dez. 1991.

______. Os miseráveis 2. *Folha de S.Paulo*. São Paulo, 18 maio 1995.

CASTEL, Robert. *Les métamorphoses de la question sociale*: une chronique du salariat. Paris: Fayard, 1995.

______. *As metamorfoses da questão social*: uma crônica do salário. Petrópolis: Vozes, 1999.

DRAIBE, Sônia Miriam *et al*. Políticas Sociales y Programas de Combate a la Pobreza en Brasil. In: REDE DE CENTROS DE INVESTIGACIÓN ECONÓMICA APLICADA. *Estratégias para Combater la Pobreza en América Latina*: programas, instituiciones y recursos. Santiago: Banco Mundial de Desarrollo, p. 97-162, 1995.

FONSECA, Ana. Discurso da Secretária-Executiva do Programa Bolsa Família. Brasília, 2003 (divulgado pela Presidência da República/Secretaria de Imprensa e Divulgação).

GORZ, A. *Métamorphose du travail*: quête du sense. Paris: Galilée, 1991.

______. *L'allocation universelle*: verson de droite et verson de gauche. *Revue Nouvelle*, Paris, n. 81, p. 419-428, 1985.

______. *Les chamins de paradis*: l'agonie du capital. Paris: Galilée, 1983.

ROSANVALLON, P. *La nouvelle question sociale*: repenser l'État-providence. Paris: Seuil, 1995.

IBGE. Pesquisa Nacional por Amostra de Domicílios (PNAD 2004). Rio de Janeiro: IBGE, 2005.

______. *Pesquisa Nacional por Amostra de Domicílios* (PNAD 2005). Rio de Janeiro: IBGE, 2006.

IBGE. *Pesquisa Nacional por Amostra de Domicílios* (PNAD 2006). Rio de Janeiro: IBGE, 2007.

______. *Pobreza em queda*. Rio de Janeiro, 2005.

IPEA. *Radar social 2005*. Brasília: IPEA, 2005.

NEPP. *Estratégias para combater a pobreza no Brasil*: programas, instituições e recursos: relatório final. Campinas: NEPP/UNICAMP, maio 1994.

SANTOS, Wanderley Guilherme dos. *Cidadania e justiça*: a política social na ordem brasileira. 2. ed. Rio de Janeiro: Campus, 1987.

SILVA, Maria Ozanira da Silva. *Renda mínima e reestruturação produtiva*. São Paulo: Cortez, 1997.

______. O debate sobre a pobreza: questões teórico-conceituais. *Revista de Políticas Públicas*, v. 6, n. 2, 2002a, p. 65-102.

______. A política pública de renda mínima no Brasil: perfil e tendências. *Cultura Vozes*, n. 2, ano 96, v. 96, 2002b.

______. Avaliação de políticas e programas sociais: aspectos conceituais e metodológicos. In: SILVA, Maria Ozanira da Silva e. *Avaliação de políticas e programas sociais*: teoria e prática. 2. ed. São Paulo: Veras Editora, 2004, p. 37-96.

______. A política social brasileira no século XXI: redirecionamento rumo aos programas de transferência de renda. In: CARVALHO, Denise Bomtempo Birche de; SOUSA, Nair Heloísa Bicalho de; DEMO, Pedro. *Novos paradigmas da política social*. Brasília: UnB, 2002b.

______. O Bolsa Família: problematizando questões centrais na política de transferência de Renda no Brasil. Revista *Ciência & Saúde Coletiva*, v. 12, n. 6, nov./dez. 2007, p. 1429-1439.

SILVA, Maria Ozanira da Silva (Coord.). O Comunidade Solidária: o não-enfrentamento da pobreza no Brasil. São Paulo: Cortez, 2001.

SILVA, Maria Ozanira da Silva; YAZBEK, Maria Carmelita; GIOVANNI, Geraldo Di. *A política social brasileira no século XXI*: a prevalência dos programas de transferência de renda. 4. ed. revisada e ampliada. São Paulo: Cortez, 2008.

SOARES, Sergei et al. *Programas de transferência condicionada de renda no Brasil, Chile e México*: impacto sobre a desigualdade. Brasília: IPEA, 2007 (Texto para Discussão n. 1.293).

SOARES, Fábio Veras et al. *Programas de transferência de renda no Brasil*: impactos sobre a desigualdade. Brasília: IPEA, 2006 (Texto para Discussão n. 1.228).

SUPLICY, Eduardo Matarazzo. *Renda de cidadania*: a saída é pela porta. São Paulo: Cortez, 2002.

VUOLO, Rubén lo (compilador). *Contra la exclusión*: a proposta del ingreso ciudadano. Buenos Aires: CIEEP/Miño y Dávila Editores, 1995.

2

O Bolsa Família nos estados do Maranhão e do Piauí: caracterização socioeconômica dos Estados e Municípios selecionados e situação do Programa

Maria Ozanira da Silva e Silva
Antônia Jesuíta de Lima
Maria D'Alva Macedo Ferreira
Maria do Rosário de Fátima e Silva
Valéria Ferreira Santos Almada Lima

Introdução

O Programa Bolsa Família foi criado para unificação de Programas de Transferência de Renda do Governo Federal, inicialmente o Bolsa Escola, Bolsa Alimentação, Cartão Alimentação e Auxílio Gás. O objetivo é garantir a famílias pobres e extremamente pobres uma transferência monetária para o atendimento de necessidades básicas, ressaltando-se as necessidades de segurança alimentar. Este Programa tem como diretriz o incentivo ao acesso das famílias beneficiárias aos outros serviços públicos como saúde, educação, moradia, projetos de geração de emprego e renda, tendo em vista a possibilidade de concretização da perspectiva da intersetorialidade das políticas públicas de alcance social.

Implantar o Programa Bolsa Família nos Estados brasileiros exigiu um processo de ordenamento institucional, englobando aspectos essenciais à gestão social, nos moldes descentralizados, com participação e controle social, articulando as forças políticas locais e os diferentes segmentos da sociedade civil organizada. Um dos objetivos da pesquisa foi identificar e sistematizar o processo de unificação dos Programas de Transferência de Renda, mediado pela implantação do Programa Bolsa Família, nos Estados do Maranhão e do Piauí, cujos resultados são expostos nesta coletânea.

Neste capítulo, procuramos apresentar uma caracterização do Bolsa Família nos Estados do Maranhão e do Piauí, destacando o quadro socioeconômico enquanto espaço geográfico da pesquisa; o desenvolvimento e a dimensão atual do Programa nos dois Estados, e procuramos traçar o perfil das famílias beneficiárias também nos dois Estados.

2.2 Caracterização socioeconômica dos Estados e Municípios espaços geográficos do estudo

2.2.1 Os Estados do Maranhão e do Piauí

Os Estados do Maranhão e do Piauí estão localizados na Região Nordeste do Brasil, ocupando, o primeiro, uma área de 331.983,3 km², e o segundo, de 251.529,2 km², e situando-se ambos entre duas regiões climáticas bem distintas: o sertão semi-árido e a Amazônia quente e úmida, sendo, portanto, uma faixa autêntica de transição.

No Maranhão, com o esgotamento dos ciclos das *plantations*, primeiramente de cana-de-açúcar e depois de algodão — baseados na forma de trabalho escravo, na grande propriedade e na monocultura voltada para a exportação — a pecuária extensiva e a agricultura familiar voltaram a predominar na maior parte do Estado, formando os contornos de uma economia camponesa que, além da agricultura familiar tradicional, conta com o extrativismo, a criação extensiva (normalmente apenas de animais de pequeno porte), a pesca e o uso comum dos recursos naturais para sua reprodução (das áreas de uso comum, em geral campos de cerrado, são extraídos lenha, madeira, frutos, fibras etc.).

Nas áreas de agricultura familiar, ocupam lugar de destaque os plantios de mandioca consorciada com arroz, feijão e milho, segundo um sistema rudimentar conhecido como "roça no toco", caracterizado pela não-utilização de qualquer equipamento que não seja a enxada e o facão. Baseia-se, além disso, a tecnologia em análise, na queima da área para a limpeza e preparação do solo, no plantio de cerca de 1 a 1,5 hectare por família.

Mais recentemente, a partir da segunda metade da década de 1970, começou no Maranhão a fase dos grandes projetos, que, sobrepondo-se à base da pecuária extensiva e da economia camponesa tradicional, fixaram os contornos socioeconômicos atuais do Estado. Os grandes projetos foram desenhados a partir do II Plano Nacional de Desenvolvimento (Governo Geisel, 1974-1978), sob a bandeira do Projeto Grande Carajás, com a instalação da Companhia Vale do Rio Doce na Ilha do Maranhão, o aproveitamento da estrada de ferro existente e a instalação da ALUMAR (consórcio multinacional voltado à produção e exportação de alumínio em lingotes), além da expansão, com incentivos e subsídios federais e estaduais, de projetos agroindustriais tais como eucalipto e bambu para celulose, pecuária bovina, cana-de-açúcar e álcool.

A instalação de guserias no Maranhão e no Pará levou também, a partir do início da década de 1980, à expansão da atividade de desmatamento voltada à produção de carvão, que impactou de forma significativa as regiões Central e Leste do Estado. Mais recentemente, a diminuição da oferta de madeira proveniente de matas nativas do Pará e do Maranhão e as crescentes restrições interpostas pela legislação ambiental estão trazendo investimentos no Estado com vistas à produção de carvão a partir de reflorestamento de eucalipto.

Finalmente, merecem destaque, desde o final da década de 1970, uma nova frente de ocupação econômica, representada pelo avanço da agricultura graneleira mecanizada (principalmente soja, mas também milho, arroz e algodão) no sul do Estado, a partir da região de Balsas e, ao final da década de 1980, o surgimento de um segundo pólo de agricultura graneleira mecanizada, na região Leste do Estado (nas microrregiões de Chapadinha e do Baixo Parnaíba).

A pressão fundiária gerada pelo avanço dos empreendimentos agroindustriais, de par com a pressão populacional nas áreas de agricultura familiar tradicional, tem trazido reiteradamente à cena conflitos pelo uso e ocupação do solo, além de uma perda de produtividade nas áreas de agricultura familiar. Essa perda de produtividade explica-se, em uma situação de forte diminuição na oferta de terras para o rodízio das plantações, pela conseqüente redução do tempo de pouso da terra e pelo esgotamento do solo. Há evidências incontrastáveis de crescente entropização do meio ambiente (rios secando e desertificação em avanço), explicados em grande medida pelo avanço de lavouras em áreas de mananciais, pelo desmatamento indiscriminado nas áreas de chapada, além da utilização também indiscriminada de queimadas para a preparação de solos.

Existe hoje uma preocupação crescente com a segurança alimentar em várias regiões do Estado. Esta já é, provavelmente, uma das causas mais importantes para movimentos migratórios massivos em direção aos centros populacionais maiores do Estado, resultando em forte adensamento populacional naqueles centros, sem que tenham sido criadas as bases para a absorção dessa mão-de-obra nas grandes cidades.

Já a ocupação das terras do Piauí esteve tradicionalmente ligada à expansão da pecuária extensiva associada à agricultura de subsistência. A pecuária desenvolveu-se de forma expansiva e com caráter extrativista. Expansiva porque ocupava grandes extensões de terra: o gado crescia e pastava livremente, servindo para a formação de latifúndios os quais contribuíam para a dominação dos fazendeiros sobre escravos, vaqueiros, agregados e eventuais pequenos proprietários ou posseiros. O caráter extrativista da pecuária ligava-se também ao fato de ser uma economia sem planificação, predatória do meio ambiente, rudimentar em termos de técnica, se constituindo em uma atividade econômica cuja finalidade era a venda de charque — carne seca — para outras províncias, como Bahia, Feira do Norte e Minas Gerais.

Com a decadência da pecuária e do comércio do charque, outro produto propiciaria novo alento à economia piauiense: o algodão, o qual teve certo impulso econômico, garantindo algum rendimento durante as primeiras décadas do século XIX, impulso este ligado à sua inserção no mercado internacional.

A partir de 1852, a instalação da nova capital veio formar um eixo de crescimento devido à navegação do Rio Parnaíba e o Piauí, representado pela cidade de Parnaíba, estava integrado ao comércio internacional como exportador de matérias-primas de origem no extrativismo vegetal, e este, por sua vez, passou a se destacar na economia piauiense até o final da década de 1940.

A atividade extrativista do Estado na primeira década do século XX teve como base a cultura da borracha de maniçoba, a qual atingiu alto nível de exportação no período de 1901 a 1914 em função da demanda criada pela crescente indústria bélica e pela nascente indústria automobilística nos Estados Unidos e na Europa. Sua extração ocorria em todo o Estado, mas a maior concentração do produto era na região do semi-árido piauiense.

O extrativismo exportador representou um longo ciclo de acumulação para a economia piauiense, fortalecendo a receita orçamentária do Estado, o que permitiu a ampliação de sua estrutura burocrática, o oferecimento de serviços e a realização de algumas obras de infra-estrutura econômica e social, se tornando base para o fortalecimento de alguns poucos núcleos urbanos. Nesse processo, a capital, Teresina, se afirmou como centro-político-administrativo-comercial, ao lado de Parnaíba, que desempenhava as funções de centro financeiro e do grande comércio. Com a navegação do Rio Parnaíba e precárias estradas, uma rede de articulação comercial interna ao Estado se formou.

Com o fim da Segunda Guerra Mundial, em 1945, e a concorrência internacional da borracha produzida na Malásia, tal como ocorreu, em proporções maiores, com a borracha produzida na Região Amazônica, a maniçoba e outros produtos do extrativismo vegetal no Piauí perderam espaço no mercado internacional, se constituindo em fatores externos da decadência dessa atividade econômica.

Na década de 1950, passou a predominar a política de modernização da economia e de integração nacional, praticada pelo Estado brasileiro no país, a qual se manifestou através de grandes investimentos públicos, como, por exemplo, na melhoria da infra-estrutura urbana das vias de circulação e do sistema de transportes, na construção de rodovias; no fornecimento de energia, com a construção de barragens, de hidroelétricas; na construção de portos e no incentivo à transferência de indústrias para fora da fronteira centro-sul. Essa política induziu um grande vetor migratório das populações rurais em direção aos grandes e médios centros urbanos (Santos, 1993).

No final da década de 1950 e início dos anos de 1960, com a ampliação dos investimentos, o Estado se integrou mais internamente e às outras regiões do país. Entretanto, a grande propriedade permaneceu como unidade decadente de produção extrativista e de produção pastoril, além de experimentar um crescimento da lavoura camponesa produtora de excedentes agrícolas, mas que não apresentou grande capacidade de renovação técnica para manter o intercâmbio com produtos industrializados do Centro-Sul. O setor industrial continuou diminuto e cresceu lentamente, uma vez que os incentivos fiscais da Superintendência de Desenvolvimento do Nordeste (SUDENE) e os grandes projetos industriais não atingiram o Piauí. O comércio se intensificou, integrando um mercado estadual disperso geograficamente e articulando-se com os mercados regional e nacional.

A partir da década de 1960, o setor público foi pressionado a desempenhar cada vez mais um papel econômico ativo, tanto pela expansão dos serviços públicos como pela realização de obras de infra-estrutura, o que exigiu um volume crescente de transferências do governo federal. Como um dos efeitos da integração e do tipo de investimentos estatais ocorridos no Piauí a partir da década de 1960 pode-se citar a existência de uma urbanização sem industrialização, e uma terciarização da economia urbana, em moldes informais.

Em termos demográficos, segundo dados da Pesquisa Nacional por Amostra de Domicílio — PNAD, no ano de 2005, o Maranhão e o Piauí possuíam uma população de 6.109.684 habitantes e de 3.009.190 habitantes, respectivamente, apresentando, o primeiro uma densidade demográfica de 18,4 hab/km^2, e, o segundo, de 11,96 hab/km^2.

Os Estados em análise se destacam como dos menos urbanos do país, em que pese o crescimento observado nos últimos anos da taxa de urbanização. Com efeito, esta passou de 41,4% em 1992 para 65,2% em 2005, no Maranhão, representando uma variação bem mais expressiva do que a verificada no Brasil nestes últimos treze anos, em que essa taxa saltou de 78,0% para 82,8%. Enquanto isso, no Piauí, em 1992, a participação da população urbana era de 56,1%, alcançando, em 2000, 63,0%, e sofrendo um recuo em 2005, para 61,8%, tratando-se, portanto, da mais baixa taxa de urbanização da região nordestina e do Brasil.

A oferta de mão-de-obra, no Estado do Maranhão, expressa pela População Economicamente Ativa (PEA), era constituída de 3.041.592 trabalhadores no ano de 2005, dos quais 38,2% ainda residiam no meio rural. De forma semelhante, a distribuição da PEA piauiense por situação de domicílio também revela uma concentração expressiva de trabalhadores no campo, comparativamente à totalidade do país, onde essa participação era de apenas 18,6%. De fato, dos 1.636.727 trabalhadores que compunham a PEA deste Estado, 42,8% situavam-se na área rural.

As taxas de ocupação da PEA no Maranhão e no Piauí, no mesmo ano, eram de 93,8% e 94,3%, respectivamente, maiores, portanto, que a verificada para o Brasil, de 90,7%. A Tabela 1, a seguir, expressa a distribuição da população ocupada nos dois Estados por ramos de atividade no ano de 2005.

Tabela 1

População ocupada no Maranhão e no Piauí, total e sua respectiva distribuição percentual por ramos de atividade

Estados	População ocupada						
	Total	Ramos de atividade (%)					
		Agrícola	Indústria	Construção	Comércio e reparação	Serviços	Outras atividades
MA	2.852.853	42,9	6,9	5,7	17,9	24,0	2,6
PI	1.543.303	50,0	7,2	3,8	12,2	24,9	1,8

Fonte: IBGE, 2005.

Comparando-se as duas unidades da federação, observam-se estruturas ocupacionais muito semelhantes, nas quais ainda preponderam as atividades agrícolas, seguidas pelos serviços e pelo comércio, sendo pequena a participação da indústria. Cumpre ressaltar que, no conjunto do Brasil, no ano de 2005, apenas 20,5% dos ocupados atuavam no setor agrícola, enquanto 14,9% trabalhavam na indústria e 33,3% nos serviços.

Também no que se refere à posição na ocupação, a situação dos dois Estados é muito próxima, conforme demonstra a tabela seguinte.

Tabela 2

População ocupada no Maranhão e no Piauí, total e sua respectiva distribuição percentual por posição na ocupação

Estados	População ocupada						
	Total	Posição na ocupação (%)					
		Empregados	Militar ou estatutário	Trabalhador doméstico	Conta própria	Empregadores	Não remunerados
MA	2.852.853	29,6	5,1	5,8	32,3	2,2	15,2
PI	1.543.303	26,6	5,3	5,7	31,8	4,0	16,1

Fonte: IBGE, 2005.

Nota: A população ocupada total inclui, além das categorias expostas na tabela, os trabalhadores na produção para o próprio consumo e os trabalhadores na construção para o próprio uso.

Comparando-se a situação do Maranhão e do Piauí com a realidade brasileira, no ano de 2005, as principais diferenciações identificadas se referem aos percentuais de participação dos empregados, dos trabalhadores por conta própria e dos não-remunerados. Estes representavam, respectivamente, 48,8%, 21,6% e 6,8% dos trabalhadores ocupados do Brasil. Isto denota o baixo grau de estruturação dos mercados de trabalho maranhense e piauiense, dado o número ainda pouco representativo dos trabalhadores assalariados, em contraposição ao peso significativo dos autônomos e dos não remunerados.

Em relação à variável renda, um indicador que chama a atenção é o que se refere ao valor do rendimento médio mensal das pessoas ocupadas com remuneração. No Maranhão e no Piauí, estes valores, em 2005, eram de R$ 397,00 e de R$ 412,50, respectivamente, representando em torno da metade da média brasileira, que era de R$ 801,00 no ano considerado.

No que diz respeito à educação, o Maranhão se destaca como um dos Estados com maior percentual de pessoas na faixa de 7 a 14 anos fora da escola (4,9%), sendo superado apenas pelo Acre (7,1%) e equiparando-se ao Pará (4,9%). Em situação mais favorável encontra-se o Piauí, onde apenas 2,9% da população nesta faixa etária não eram estudantes no ano de 2005, enquanto na Região Nordeste este percentual era de 3,5%.

Quanto à média de anos de estudo das pessoas de 10 anos ou mais de idade, o Maranhão praticamente se iguala ao Piauí, com, respectivamente, 5,2 e 5,1 anos de estudo, colocando-se ambos abaixo da média do Nordeste e do Brasil que eram, respectivamente, 5,6 e 6,8 anos de estudo, segundo a PNAD de 2006. Ressalte-se ainda que neste mesmo ano, respectivamente, 30,5% e 33,5% da população de 25 anos ou mais de idade do Maranhão e do Piauí não tinham instrução ou possuíam menos de 1 ano de estudo, enquanto na Região Nordeste este percentual era de 26,5% e no Brasil de 14,0%.

Os números relativos ao saneamento básico deixam à mostra uma realidade bastante desfavorável para os dois Estados em análise, principalmente em comparação com a média do país. No ano de 2005, o levantamento da PNAD encontrou no Maranhão e no Piauí, respectivamente, 49,5% e 53,3% dos domicílios com acesso à instalação sanitária, ligados à rede coletora ou que utilizam fossas sépticas (contra 46,5% na média da Região Nordeste e 69,6% para o país).

No que diz respeito ao abastecimento de água, a PNAD de 2005 revelou que o Maranhão exibe uma situação bastante precária, ainda que comparado à média do Piauí, que por sua vez é inferior à do Nordeste. De fato, somente 61,6% dos domicílios maranhenses estavam ligados à rede geral, comparados a 67,2% no caso do Piauí, 73,9% na Região Nordeste e 82,3 % no país.

Já em relação ao manejo do lixo domiciliar, o Maranhão apresenta um quadro mais favorável que o do Piauí, embora ambos se destaquem ainda por serem os Estados com menor cobertura: somente 59,6% dos domicílios maranhenses e 51,1% dos piauienses têm coleta de lixo (comparados a 71,9% no Nordeste e 85,8% na média do país).

Finalmente, para caracterizar e medir a situação de pobreza nos Estados do Maranhão e do Piauí, optou-se por utilizar, além dos indicadores anteriormente expostos, o Índice de Desenvolvimento Humano (IDH) — IPEA/PNUD — e o Índice de Exclusão Social construído por Pochmann e Amorim (2002).

Isto porque a pobreza é aqui entendida como um fenômeno multidimensional que se expressa na privação de condições necessárias a uma vida digna. Nesse sentido, é vista não só como ausência de condições materiais, mas também como a negação de condições para uma vida aceitável. Daí decorre a inadequação de identificar-se e transformar-se o problema da pobreza em apenas algumas dimensões da vida humana (como por exemplo: linha de rendimentos mínimos), mesmo sem deixar de reconhecer a importância desse indicador.

Nessa perspectiva, levando-se em conta primeiramente o IDH, trata-se de um índice composto obtido através da média aritmética simples de três sub-índices, respectivamente, IDH-Educação, IDH-Longevidade e IDH-Renda.[1] Com base nesse índice, constata-se que o IDH-M médio do Maranhão avançou de 0,543 em 1991 para 0,636 em 2000, fazendo este Estado ingressar no conjunto daqueles considerados de desenvolvimento médio. Os maiores avanços foram obtidos no sub-índice de educação, que

---

1. **Sub-índice do IDH relativo à dimensão Renda.** É obtido a partir do indicador renda *per capita* média, através da fórmula: [ln (valor observado do indicador) — ln (limite inferior)] / [ln (limite superior) — ln (limite inferior)], em que os limites inferior e superior são equivalentes a R$ 3,90 e R$ 1560,17, respectivamente. Estes limites correspondem aos valores anuais de PIB *per capita* de US$ 100 ppp e US$ 40000 ppp, utilizados pelo PNUD no cálculo do IDH-Renda dos países, convertidos a valores de renda *per capita* mensal em reais através de sua multiplicação pelo fator (R$ 297/US$ 7625 ppp), que é a relação entre a renda *per capita* média mensal (em reais) e o PIB *per capita* anual (em dólares ppp) do Brasil em 2000. A sigla ppp utilizada refere-se ao ajuste pela Paridade de Poder de Compra, uma metodologia que permite corrigir a taxa de câmbio entre os países pelo poder aquisitivo da moeda em relação a uma cesta de bens diversificada de consumo geral.

Sub-índice do IDH relativo à dimensão Longevidade. É obtido a partir do indicador esperança de vida ao nascer, através da fórmula: (valor observado do indicador — limite inferior) / (limite superior — limite inferior), onde os limites inferior e superior são equivalentes a 25 e 85 anos, respectivamente.

Sub-índice do IDH relativo à Educação. Obtido a partir da taxa de alfabetização e da taxa bruta de freqüência à escola, convertidas em índices por: (valor observado — limite inferior) / (limite superior — limite inferior), com limites inferior e superior de 0% e 100%. O IDH-Educação é à média desses 2 índices, com peso 2 para o da taxa de alfabetização e peso 1 para o da taxa bruta de freqüência.

passou de 0,572 em 1991 para 0,738 em 2000. Um dos componentes do sub-índice de educação com fortes avanços no período foi a taxa bruta de freqüência à escola, que avançou de 54,6% em 1991 para 78,2% em 2000. Contudo, apesar desse indiscutível avanço obtido no período, o Estado do Maranhão mantém uma posição defasada em relação à média do país, cujo valor alcançado pelo IDH-M no ano 2000 foi de 0,739.

Já o Índice de Desenvolvimento Humano do Piauí cresceu 15,9% no período de 1991 a 2000, passando de 0,566, em 1991 para 0,656, em 2000. Com esse índice, passou também a integrar o grupo dos Estados brasileiros na condição de médio desenvolvimento humano. Assim como no Maranhão, a dimensão que mais contribuiu para este crescimento foi a Educação, com 53,9%, seguida pela Renda, com 24,6% e pela Longevidade, com 21,6%. Em relação aos outros Estados do Brasil, o Piauí, entretanto, está em situação desfavorável, ocupando a 25ª posição, com apenas dois Estados em situação pior, incluindo-se entre eles o Maranhão.

O Índice de Exclusão Social de Pochmann e Amorim (2004) constitui-se em uma metodologia alternativa para a mensuração das condições de vida. Sua vantagem em relação a outros indicadores está na multiplicidade de parâmetros de que se utiliza para realizar esta mensuração, todos eles disponíveis para todos os municípios brasileiros desde 1960. A metodologia envolve a mensuração de sete indicadores, relativos a três dimensões das condições de vida: Vida digna, composta pelos indicadores pobreza, emprego formal e desigualdade social; conhecimento (alfabetização e escolaridade) e vulnerabilidade (juventude e violência). O índice, tal qual o IDH-M, varia de 0 a 1, sendo que quanto mais próximo de zero maior será a situação de exclusão social.

De acordo com essa metodologia, em 2000, o Maranhão apresentava-se como o Estado de pior colocação no *ranking* do país com um índice de exclusão social igual a 0,197, enquanto o valor alcançado no conjunto do país era 0,527 e no Estado do Piauí era 0,247. Os dados desagregados por município apontam que naquele ano, dentre os 100 piores classificados, 39 pertenciam ao Maranhão, enquanto 13 localizavam-se no Piauí.

Mais do que isso, pode-se notar que no período de 1980 a 2000, o Maranhão experimentou uma deterioração no indicador que passou de

0,226 para 0,197. Uma análise da evolução dos indicadores componentes do Índice de Exclusão Social deste Estado mostra que nas duas décadas entre 1980 e 2000 houve alguma melhora apenas nos indicadores de alfabetização, escolaridade e violência, enquanto que, nos demais, houve uma abrupta deterioração. No caso dos indicadores de pobreza, emprego formal e desigualdade, a deterioração foi intensa (acima de 90%), constituindo-se na atualidade os indicadores do Estado os piores do país.

Enquanto isso, no Piauí, embora se tenha constatado uma elevação do índice entre os anos de 1980 e 2000, tal elevação foi insignificante para expressar mudanças importantes nas condições de vida da população piauiense. Com efeito, o Piauí ainda se destaca negativamente na representação dos municípios em pior situação de exclusão social, destacando-se, entre eles Guaribas, Murici dos Portelas e Betânia do Piauí. Na composição do quadro dramático que representa a situação de vulnerabilidade do Estado, acrescente-se o dado que indica que dos 221 municípios do Estado, 213 deles apresentam índice de exclusão social menor do que 0,4.

Na desagregação do Índice de Exclusão Social do Piauí, observa-se que os indicadores em pior situação, em 2000, foram, por ordem, desigualdade (0,019), pobreza (0,045) e emprego formal (0,067), enquanto o melhor resultado encontrado foi na variável violência, que apresentou um índice de 0,960. Na comparação entre 1980 e 2000, observa-se que houve uma melhora nos índices de pobreza, alfabetização, escolaridade e juventude.

2.2.2. Os municípios de São Luís, Imperatriz, Araioses, Teresina, Parnaíba e Acauã

Dentre os municípios selecionados para a pesquisa, São Luís, capital do Maranhão, se destaca como o mais populoso e o de maior densidade demográfica. De fato, conforme o censo de 2000, a população deste município era de 870.028 habitantes, apresentando uma densidade demográfica de 1.052,03 hab/km^2. Em segundo lugar, situa-se o município de Teresina, capital do Piauí, com uma população de 715.360 habitantes, distribuída em uma área de 1.755,7 km^2, com densidade demográfica de 407,45 hab/km^2. Imperatriz, com seus 230.566 habitantes e uma densidade demográfica de

168,54 hab/km², figura como o terceiro município dentre os aqui considerados, seguido por Parnaíba, a segunda cidade do Piauí, em termos econômicos e populacionais, registrando uma população de 132.282 habitantes, ocupando uma área de 435,56 km², com uma densidade demográfica de 303,70 hab./km². Já os municípios de Araioses e Acauã possuíam naquele ano, respectivamente, 34.906 e 5.147 habitantes e uma densidade demográfica de 19,58 e 5,20 hab/km², representando, portanto, os municípios de menor porte do espaço geográfico do estudo.

Em termos de situação do domicílio, São Luís e Teresina, por se tratarem de capitais, são sedes dos aparelhos administrativos dos dois Estados, dispondo de uma maior rede de serviços urbanos e sociais. Assim sendo, transformaram-se nos principais centros de atração das populações migrantes, registrando, por conseguinte, elevadas taxas de urbanização, quais sejam: 96,3% e 94,7%, respectivamente, no ano 2000. Ocupando um papel importante nas economias maranhense e piauiense, Imperatriz e Parnaíba despontam como um dos principais núcleos urbanos dos dois Estados, apontando também um crescimento urbano acelerado, chegando a alcançar, em 2000, taxas de urbanização muito próximas, de 94,8% e 94,5%, respectivamente. Por outro lado, observa-se que as populações de Araioses e de Acauã, em 2000, ainda eram predominantemente rurais (73,8% e 86,9%, respectivamente).

A tabela a seguir mostra a distribuição das pessoas de dez anos ou mais de idade por condição de atividade e por sexo nos seis municípios considerados, evidenciando, portanto, a configuração da oferta de mão-de-obra nos diferentes mercados de trabalho locais.

A partir destes dados, pode-se inferir que Acauã é o município com maior taxa de atividade (percentual de pessoas com dez anos ou mais que compõem a PEA, seja na condição de ocupadas ou de desocupadas). De fato, com uma taxa de 55,4%, este município supera as duas capitais (São Luís com 54,8% e Teresina com 54,7%), as quais praticamente equivalem a Imperatriz (54,7%), se distanciando mais significativamente de Araioses e de Parnaíba, onde as taxas de atividade são relativamente baixas (41,5% e 46,8%, respectivamente). Na distribuição por sexo, observa-se que ainda predominam os homens nos mercados de trabalho enfocados, destacando-se, sobretudo, Araioses, com 73,5% da PEA sendo do sexo masculino.

Tabela 3

Pessoas de 10 anos ou mais de idade, por condição de atividade na semana de referência e sexo.
São Luís, Imperatriz, Araioses, Teresina, Parnaíba e Acauã

Munic.		Total	Homens	Mulheres	Condição de atividade na semana de referência e sexo					
					Economicamente ativas			Não economicamente ativas		
					Total	Homens	Mulheres	Total	Homens	Mulheres
São Luís	Σ	702.713	321.745	380.968	384.900	208.332	176.568	317.813	113.413	204.400
	%	100,0	45,8	54,2	100,0	54,1	45,9	100,0	35,7	64,3
Imperatriz	Σ	180.568	85.693	94.875	98.827	60.482	38.345	81.741	25.211	56.530
	%	100,0	47,5	52,5	100,0	61,2	38,8	100,0	30,8	69,2
Araioses	Σ	26.108	13.639	12.469	10.846	7.974	2.872	15.262	5.665	9.597
	%	100,0	52,2	47,8	100,0	73,5	26,5	100,0	37,1	62,9
Teresina	Σ	579.032	265.978	313.054	316.588	175.937	140.651	262.444	90.041	172.403
	%	100,0	45,9	54,1	100,0	55,6	44,4	100,0	34,3	65,7
Parnaíba	Σ	105.481	49.402	56.079	49.388	30.158	19.230	56.093	19.244	36.849
	%	100,0	46,8	53,2	100,0	61,1	38,9	100,0	34,3	65,7
Acauã	Σ	3.950	2.050	1.900	2.188	1.347	841	1.762	703	1.059
	%	100,0	51,9	48,1	100,0	61,6	38,4	100,0	39,9	60,1

Fonte: IBGE — Censo demográfico 2000.

Quanto à distribuição da população ocupada por posição na ocupação, conforme esperado, Teresina e São Luís se destacam como os municípios com maior grau de estruturação dos seus mercados de trabalho, o que é evidenciado pelo maior percentual de trabalhadores ocupados enquadrados na categoria de empregados assalariados (72,6% e 70,9%, respectivamente). Em um segundo patamar se situam os municípios de Imperatriz e Parnaíba, com 64,2% e 62,4%, respectivamente, de empregados assalariados. Em contraposição, Araioses e Acauã, com, respectivamente, 22,2% e 10,5% de trabalhadores nesta categoria, sobressaem como os municípios com menor grau de estruturação dos seus mercados de trabalho. Embora em São Luís e em Teresina seja ainda significativo o número de trabalhadores por conta própria (25,3% e 22,5%, respectivamente) e de empregados sem carteira de trabalho assinada (38,3% e 38,1%, respectivamente), denotando um ainda alto grau de informalização das relações de trabalho, as capitais, neste aspecto, estão em evidente vantagem em relação a Araioses e Acauã. De fato, em Araioses, 31,9% dos ocupados são trabalhadores por conta própria, 14,1% são não-remunerados e 31,7% são trabalhadores na produção para o próprio consumo, enquanto em Acauã 80,3% dos ocupados se enquadram nesta última categoria de trabalhadores.

No que se refere à renda, a tabela 4 demonstra a distribuição das pessoas de 10 anos ou mais de idade por classes de rendimento nominal mensal nos seis municípios considerados.

Os dados evidenciam, em primeiro lugar, que eram elevados os percentuais de pessoas que auferiam até um salário mínimo no ano 2000 nos três municípios do Maranhão, destacando-se Araioses, com 29,0% de pessoas nesta faixa de renda, seguido de Imperatriz, com 23,3%, e de São Luís com 18,5%. Contudo, em todos eles o grupo de maior peso era o composto por pessoas sem remuneração (47,9% em São Luís, 45,7% em Imperatriz e 63,3% em Araioses). Já em Teresina e em Parnaíba, no Piauí, 36,2% e 49,4%, respectivamente, se encontravam na faixa de rendimento de até um salário mínimo, e 27,0% e 22,9%, de mais de 1 a 2 SM. Em resumo: um total de, respectivamente, 63,2% e 72,3% das pessoas ocupadas nestes dois municípios tinham uma renda de até 2 SM. Por outro lado, os que se declararam sem rendimento representavam, respectivamente, 3,1% e 5,2% dos ocupados

Tabela 4

Pessoas de 10 anos ou mais de idade, por classes de rendimento nominal mensal.
São Luís, Imperatriz, Araioses, Teresina, Parnaíba e Acauã

Município		Classes de rendimento nominal mensal (em salário mínimo)								
		Total	Até 1	Mais de 1 a 2	Mais de 2 a 3	Mais de 3 a 5	Mais de 5 a 10	Mais de 10 a 20	Mais de 20	Sem rendimentos
São Luís	Freq.	702.714	129.723	97.728	36.489	39.117	35.942	17.665	9.616	336.434
	%	100,0	18,5	13,9	5,2	5,6	5,1	2,5	1,4	47,8
Imperatriz	Freq.	180.568	42.094	26.855	8.932	8.705	6.742	3.181	1.463	82.596
	%	100,0	23,3	14,9	5,0	4,8	3,7	1,8	0,8	45,7
Araioses	Freq.	26.108	7.562	1.546	181	149	70	43	23	16.535
	%	100,0	29,0	5,9	0,7	0,6	0,3	0,2	0,1	63,3
Teresina	Freq.	263.294	95.427	71.112	26.104	24.445	21.549	10.206	6.235	8.217
	%	100,0	36,2	27,0	9,9	9,3	8,2	3,9	2,4	3,1
Parnaíba	Freq.	41.849	20.681	9.594	3.183	2.807	1.970	965	483	2.165
	%	100,0	49,4	22,9	7,6	6,7	4,7	2,3	1,2	5,2
Acauã	Freq.	2.177	313	65	13	14	—	—	—	1.770
	%	100,0	14,4	3,0	0,6	0,6	—	—	—	81,3

Fonte: IBGE — Censo demográfico de 2000.

de Teresina e de Parnaíba. O perfil mais grave está na realidade de Acauã, em que 81,3% das pessoas ocupadas se declararam sem rendimento.

No que diz respeito ao nível educacional da população adulta (25 anos ou mais), São Luís e Imperatriz ostentam índices bastante superiores aos do Estado. De fato, entre 1991 e 2000, o aumento da escolaridade em ambos os municípios levou a uma queda sensível da taxa de analfabetismo entre a população adulta de 13,6% para 8,7% em São Luís e de 32,0% para 20,9% em Imperatriz, enquanto no Maranhão esta taxa passou de 48,3% para 35,0%. No mesmo período, a parcela de indivíduos acima dos 25 anos com menos de 8 anos de estudo (referentes ao ensino fundamental) caiu de 50,7% para 42,4%, em São Luís, e de 76,0% para 64,6% em Imperatriz. Cumpre ressaltar que no total do Estado este indicador passou de 84,4% para 76,5%. Em relação à média de anos de estudos, São Luís e Imperatriz também experimentaram um avanço, passando o primeiro de 6,8 anos em 1991 para 7,7 em 2000 e o segundo de 4,0 para 5,4 anos de estudo, contra uma evolução de 2,8 anos para 4,0 anos no plano estadual, e de 4,4 anos para 5,5 anos no plano nacional. A situação de Araioses destoa em relação aos dois primeiros municípios, sendo seus índices bem inferiores aos do Maranhão e constituindo-se mesmo em uma das piores performances do país. Entre 1991 e 2000, o analfabetismo entre a população adulta manteve-se em elevados patamares, embora tenha recuado de 69,2% para 57,6%. No mesmo período, a parcela de indivíduos acima dos 25 anos com menos de 8 anos de estudo caiu de 87,7% para 81,2%. Em relação à média de anos de estudos, Araioses passou de 1,1 ano em 1991 para 1,8 ano em 2000, um dos mais baixos índices do país.

No caso dos municípios piauienses, constatou-se também uma elevação da escolaridade da população adulta (25 anos ou mais), destacando-se Teresina e Parnaíba, que registraram queda das taxas de analfabetismo em índices superiores as do Estado. Entre 1991 e 2000, houve uma queda da taxa de analfabetismo da população adulta de 24,8% para 17,2%, em Teresina, e de 35,7% para 26,6%, em Parnaíba; enquanto no Piauí houve uma redução de 51,0% para 41,0%. Já no caso de Acauã, embora se tenha verificado uma elevação do nível de escolaridade da população adulta, observa-se que o município apresenta ainda alta taxa de analfabetismo, colocando-o no mesmo patamar do Estado. Entre 1991 e 2000, a queda da taxa de analfabetismo da população adulta foi de 51,01% para 41,08%. Vale assinalar ainda que Teresina e Parnaíba apresentam taxas de analfabetismo superiores às de São Luís e Imperatriz, enquanto Acauã se encontra numa situação menos desfavorável que Araioses. Considerando o mesmo período, a parcela de indivíduos acima dos 25 anos com menos de 8 anos de estudo decresceu nos três municípios piauienses, embora Acauã tenha registrado queda ínfima, passando de 98,3% para 95,8%, taxa superior a do Piauí, que passou de 83,4% para 76,9%. Já Teresina e Parnaíba registraram quedas mais expressivas, passando de 61,3% para 53,5% e de 74,8% para 67,8%, respectivamente. Em relação à média de anos de estudo das pessoas de 25 anos ou mais de idade, Teresina e Parnaíba apresentaram também resultados favoráveis. O primeiro registrou uma elevação de 5,6 anos de estudo em 1991, para 6,6, em 2003, e o segundo, de 3,9 para 5,0 anos de estudo, índices superiores ao do Estado, que passou de 2,9, em 1991, para 3,9, em 2003. Acauã, a despeito de apresentar uma elevação importante, passando de 0,6 para 1,8 ano de estudo, detém, como Araioses, um dos piores índices do país (IPEA/PNUD, 2003).

Os indicadores relativos ao acesso a serviços básicos atestam que a situação de São Luís se encontra ainda muito distante do pleno atendimento. De fato, o abastecimento de água é contemplado via rede geral em 78,8% dos domicílios, enquanto apenas 41,3% estão ligados à rede geral de esgotos e 11,1% dispõem de fossa séptica. No que diz respeito à existência de instalações sanitárias, 31,1% dos domicílios da capital maranhense não dispunham sequer de um banheiro no ano 2000, enquanto que o serviço de coleta de lixo estava disponível naquele ano para não mais que 73,2% das residências.

Em Imperatriz, embora os dados indiquem que o município ainda está distante de uma situação ideal, constata-se que tanto a porcentagem de domicílios com acesso à rede geral de água (89,1%) quanto a parcela dos que contam com lixo coletado (86,0%) são superiores às verificadas para a capital do Estado. Já no que se refere aos domicílios ligados à rede geral de esgoto, a porcentagem dos mesmos era de 24,7% em 2.000, enquanto 40% dispunham de fossa séptica. Finalmente, a porcentagem de domicílios com instalações sanitárias perfazia, no ano 2000, 71,8% do total.

Estes mesmos indicadores no município de Araioses refletem uma situação de acentuada carência. Verifica-se que a porcentagem de domicílios com acesso à rede geral de água chegava ao ano do levantamento a apenas 21,6% do total, enquanto que a parcela de domicílios ligados à rede geral de esgoto era quase nula (0,2%) e apenas 4,7% possuíam fossa séptica. No que se refere à parcela dos domicílios equipados com banheiro, 83,2% não dispunham deste equipamento, enquanto que a parcela de imóveis que tinham acesso ao serviço de coleta de lixo não ultrapassava 9,8%% em 2000.

Já no Piauí, a situação de Teresina apresenta indicadores mais favoráveis do que os de São Luís. Dos domicílios particulares permanentes, segundo dados censitários (IBGE, 2000), 89,9% estavam ligados à rede geral de abastecimento de água, 88% tinham banheiro e 85,6% integravam o sistema de coleta de lixo. Estabelecendo uma associação com outros indicadores, especialmente os de saúde, pode-se inferir que os dados positivos nessa área são decorrentes, além dos investimentos no setor, sobretudo na prevenção, da melhoria no sistema de saneamento básico.

Em Parnaíba, os dados também são relativamente positivos, onde se registra que quase 90% dos domicílios são ligados à rede geral de abastecimento de água, 82% possuem banheiro ou sanitário e 76,1% utilizam o sistema de coleta de lixo.

Contrastando com esse quadro, o município de Acauã dispõe de um percentual considerável, 34,0% de domicílios, com formas rudimentares de abastecimento de água, como poço ou nascente, apresentando, portanto, baixo índice de abastecimento de água por rede geral, 0,9%, o que representa um índice pouco significativo, quando se compara com a proporção do Estado, que está em torno de 61%. A situação mais dramática é evidenciada pela condição de 65,1% dos domicílios que utilizam outra forma de abastecimento, da qual se pode incluir a busca de água em córregos de pequenos riachos, em lagoas, cacimbas e açudes. As precárias condições de vida e moradia das famílias se tornam mais visíveis ainda quando se analisam os dados relativos às instalações sanitárias e ao destino do lixo. Do total de 1.162 domicílios do município, apenas 18,2% tinham banheiro ou sanitário e a grande maioria, 81,8%, não tinha quase o dobro do mesmo percentual para o Estado, onde não existia banheiro ou sanitário em 42,9%

dos domicílios. Mais um agravante é representado pelo destino do lixo, em que apenas 13,3% dos domicílios o lixo é coletado e 86,7% têm outro destino, como queima, despejo em terreno baldio ou logradouro e outros.

Em 2000, o Índice de Desenvolvimento Humano Municipal (IDH-M) de São Luís era 0,778, o que corresponde, segundo a classificação do PNUD, a uma situação de médio desenvolvimento humano (IDH entre 0,5 e 0,8). Contudo, em relação aos outros municípios do Brasil, São Luís ocupava a 1.098ª posição, uma classificação baixa, se considerado o fato de ser uma capital. No período 1991-2000, o referido índice cresceu 7,91%, passando de 0,721 em 1991 para 0,778 em 2000. A dimensão que mais contribuiu para este crescimento foi a Longevidade, cujo sub-índice cresceu 10%, seguida pela Renda, com 7,4% de variação e pela Educação, com 6,6% de crescimento. Mesmo com os bons resultados na área de educação (tanto no que diz respeito à queda do analfabetismo quanto ao aumento da escolaridade), a capital do Estado ainda apresentou neste item uma taxa de expansão inferior à média do país.

Com um IDH-M de 0,722, Imperatriz se aproximava da capital do Estado no ano de 2000. No período de 1991-2000, este índice cresceu 15,34%, passando de 0,626 em 1991 para 0,722 em 2000. No período considerado, o município mostrou um dinamismo mais acentuado que São Luís em todos os seus componentes, com destaque para o indicador de Longevidade (+15,5%), que ultrapassou o desempenho do Estado. Outro aspecto positivo foi dado pelo avanço do indicador relativo à educação (+20,6%) no período em análise, comparado a uma performance mais modesta do indicador relacionado à renda (+8,9%).

Já Araioses, com um IDH-M de 0,486, segundo a classificação do PNUD, está entre as regiões consideradas de baixo desenvolvimento humano (IDH menor que 0,5). No período 1991-2000, tal índice cresceu 19,70%, passando de 0,406 em 1991 para 0,486 em 2000. A dimensão que mais contribuiu para este crescimento foi a Educação, com 67,8% de variação, seguida pela Longevidade, com 4,1% de crescimento. No período, o sub-índice relacionado à renda ficou estagnado no município.

Teresina foi o município melhor situado, em IDH, no âmbito do Estado do Piauí, no ano de 2000, tendo registrado um crescimento de 7,43%, passando de 0,713, em 1991, para 0,766, em 2000 (médio desenvolvimento humano), tendo contribuído para esse perfil os itens Educação, com 47,8%, Renda, com 36%, e Longevidade, com 16,1%. Mas, no contexto nacional, encontra-se na 1.420ª posição e, no regional, na penúltima posição, com IDH-M superior apenas ao de Maceió (IPEA/PNUD, 2003).

No município de Parnaíba, o IDH-M também cresceu em 14,4%, passando de 0,589, em 1991, para 0,674, em 2000, dado que o situa entre os considerados de médio desenvolvimento humano. Contribuíram para esse crescimento o item Educação, com 40,2%, seguido pela Renda, com 31,6% e pela Longevidade, com 28,1%. Em relação aos outros municípios do Estado, Parnaíba ocupa a 10ª posição, estando em situação abaixo dos resultados de Teresina e acima do perfil do Estado, que alcançaram, respectivamente, os índices de 0,566 e 0,656. Em comparação aos outros municípios brasileiros, ocupa Parnaíba a 3.382ª posição, apresentando uma situação intermediária, na medida que 3.381 municípios (61,4%) estão em situação melhor e 2.125 (38,6%) estão em situação pior ou igual.

De acordo com o PNUD (2003), no período 1991-2000, o Índice de Desenvolvimento Humano Municipal (IDH-M) de Acauã cresceu 20,6%, passando de 0,441 em 1991, para 0,532, em 2000 (médio desenvolvimento humano). A dimensão que mais contribuiu para este crescimento foi a Educação, com 82,7%, seguida pela Longevidade, com 16,5% e pela Renda, com 0,7%. No entanto, o município está entre os piores no âmbito do Estado e do país, ocupando respectivamente as posições 194ª e 5.409ª. Em relação ao Brasil, significa dizer que 5.408 municípios (98,2%) estão em situação melhor e 98 municípios (1,8%) estão em situação pior ou igual.

No que se refere ao Índice de Exclusão Social (IES), de Pochmann e Amorim (2002), em 2000, o município de São Luís (IES igual a 0,547) ocupava a 719ª posição no *ranking* do país, traduzida no primeiro lugar no *ranking* do Estado. A desagregação dos indicadores que compõem este índice aponta que os sub-índices menos favoráveis são os relativos a emprego (0,245) e desigualdade (0,183), extremamente baixos, indicando uma associação perversa entre escassez de empregos, desigualdade social e pobreza. O lado positivo traduz-se em valores relativamente elevados para os sub-índices relativos à educação (alfabetização, com 0,879, e escolaridade, com 0,753), e à violência (0,954), apontando este último para uma das capitais com menor incidência de crimes no país.

O município de Imperatriz, por seu turno, ocupava a 2.313ª posição no país, situando-se no segundo lugar no *ranking* do Estado, com um IES de 0,462. A desagregação dos indicadores aponta para sub-índices de emprego (0,097) e desigualdade (0,106) extremamente baixos, ao lado de fatores como os sub-índices de alfabetização (0,794) e de escolaridade (0,519) muito mais precários que os da capital do Estado.

Já Araioses ocupava a 4.445ª posição no país, situando-se no sexto pior lugar no *ranking* do Estado no que tange a este indicador, cujo valor alcançado em 2000 era de 0,110. A desagregação deste índice aponta para sub-índices de pobreza (0,004) e emprego (0,010) extremamente baixos. Chamam atenção os indicadores de violência e de alfabetização, muito mais precários que os da capital do Estado, enquanto, por outro lado, o município apresenta uma situação bem mais favorável do que São Luís e Imperatriz no que se refere à desigualdade (0,442).

Teresina encontra-se na melhor posição no conjunto dos municípios do estado do Piauí, com um Índice de Exclusão Social de 0,521. Mas, no contexto nacional encontra-se na 1.136ª posição. Mesmo assim, apresenta um índice acima do alcançado pelo Piauí, de 0,247 (alto Índice de Exclusão Social), e próximo à média do Brasil, de 0,527, que sofreu uma queda significativa em relação ao índice de 1980. No conjunto das capitais nordestinas, Teresina está na última posição. Na desagregação dos dados relativos ao ano de 2000, observa-se que Teresina alcançou resultados favoráveis nos indicadores de violência, alfabetização, escolaridade e juventude, ao passo que no item desigualdade apresentou o pior indicador (0,171).

Parnaíba possui um Índice de Exclusão Social de 0,431, ocupando o 4º lugar no *ranking* estadual, apresentando-se, assim, ao lado de um pequeno grupo de 5 outros municípios (Floriano, Picos, Campo Maior, São Raimundo Nonato e Guadalupe), numa faixa intermediária, ou seja, um pouco acima do contexto de exclusão total. Destacam-se como indicadores com um elevado grau de exclusão neste município, os de pobreza, emprego e desigualdade. Nestes, Parnaíba encontra-se na mesma situação da quase totalidade dos municípios piauienses, inclusive Acauã. Este último, com um índice de exclusão de 0,300, situa-se melhor que a média estadual. Entretanto, ocupa no Estado a posição de 196º lugar, ou seja, alto índice de exclusão, considerando os 221 municípios do Piauí, apresentando alto grau de exclusão no item escolaridade e resultados positivos em alfabetização, juventude e violência.

Os dados anteriormente analisados demonstram de forma inequívoca a situação de subdesenvolvimento capitalista dos Estados do Maranhão e do Piauí. Tal situação se expressa, dentre outras coisas, na extrema importância das atividades agrícolas nas economias estaduais. Sem embargo, conforme evidenciado, parcela significativa da PEA nos dois Estados ainda se encontra na zona rural, estando envolvida notadamente na pequena produção agrícola (ou na chamada economia camponesa), em que pese o acelerado êxodo rural registrado nos anos recentes, o qual ocasionou taxas de crescimento extremamente elevadas da fração urbana da PEA.

Ademais, pôde-se identificar um baixo índice de assalariamento nos mercados de trabalho maranhense e piauiense, demonstrado pelo peso significativo dos "trabalhadores por conta própria" na PEA ocupada, em relação às categorias dos empregados, dos militares ou estatutários e dos trabalhadores domésticos. Trata-se, em sua grande maioria, de trabalhadores autônomos pobres, engajados em micro-empreendimentos familiares da economia rural ou urbana, caracterizados pela baixa produtividade e por auferirem receitas que mal permitem a mera subsistência dos produtores.

Mas esse subdesenvolvimento capitalista não é apenas observado a partir do baixo índice de assalariamento. Efetivamente, o investimento, variável crucial do processo de acumulação capitalista, ainda tem se mostrado insuficiente para o aproveitamento das oportunidades econômicas dos dois Estados e para a absorção de uma oferta de mão-de-obra aceleradamente crescente, em especial a urbana.

Todo esse cenário, per si, já justifica a necessidade de se desenvolver um Programa de Transferência de Renda, a exemplo do Bolsa Família, aliado ao fato de que em vários municípios do Maranhão e do Piauí, o Fundo de Participação dos Municípios é a principal fonte de receita. Somada esta fonte com as demais transferências de recursos federais e estaduais (das quais se evidenciam as aposentadorias rurais e o Programa Bolsa Família), em certos casos, o montante obtido chega a explicar quase a totalidade da renda gerada nesses municípios.

Isto posto, uma possibilidade de reversão da situação de pobreza e de extrema concentração da renda e da riqueza estaria na articulação da transferência monetária de renda com ações estruturantes nos campos da educação, da saúde e do trabalho que pudessem romper com o ciclo da pobreza.

2.3 O Bolsa Família no Maranhão e no Piauí

2.3.1 A Implantação e o Desenvolvimento do Bolsa Família no Maranhão e no Piauí

A análise da situação socioeconômica dos Estados do Maranhão e do Piauí, anteriormente apresentada, coloca os dois Estados como alvo preferencial do Bolsa Família no Brasil, considerando a situação de pobreza e de exclusão social de significativa parte da população desses Estados.

No Estado do Piauí, em abril de 2005, o Programa Bolsa Família se encontrava implantado na grande maioria dos municípios. Destes municípios, 11 registravam um atendimento acima de 3.000 famílias beneficiárias. São eles os municípios de Teresina (36.788 famílias), Parnaíba (9.426), Piripiri (6.106), Picos (5.184), Barras (4007), Campo Maior (3.637), Pedro II (3.607), Esperantina (3.496), Oeiras (3.494), Floriano (3.413) e Altos (3.003).

Dados mais recentes demonstraram um dinamismo em termos de cobertura das famílias beneficiadas pelo Programa. Em dezembro de 2005, no Piauí, 292.003 famílias receberam o benefício, o que representava o repasse anual de R$ 19.855,50 para o Estado. Durante todo o ano de 2006, foram repassados R$ 25.302.460,00 para atender 377.206 famílias, nos 223 municípios do Estado (Piauí, 2003), o que, "além de beneficiar as famílias, contribui para acelerar o desenvolvimento dos municípios do Estado", como expressou a gerente do Programa no Piauí, durante o desenvolvimento da pesquisa.

O processo de expansão do Bolsa Família continuou, de modo que, em maio de 2007, verificou-se que essa expansão se evidenciava em comparação com o ano em que teve inicio a pesquisa (2005). Assim, tem-se Teresina — 58.216; Parnaíba — 13.632; Acauã — 1.085; Piripiri — 7.964; Picos — 6.796; Barras — 6.796; Campo Maior — 5.487; Pedro II — 5.836; Esperantina — 4.835; Oeiras — 6.796; Floriano — 5.955; Altos — 5.086. O total de famílias atendidas no Estado, até o mês referenciado, foi de 369.623 com benefícios liberados. Esta expansão expressa a grande demanda que se apresenta para o Programa no Piauí.

No Estado do Maranhão, o Bolsa Família, também em 2005, já atingia a quase todos os 217 municípios do Estado, sendo que, em julho de 2007, já eram atendidas 7.710 famílias em Araioses; em Imperatriz, o total de atendimento era de 15.312 famílias, e em São Luís, de 66.661, enquanto o total de famílias atendidas com o benefício liberado em todo o Estado do Maranhão chegava a 723.845.

Dados mais recentes sobre o desenvolvimento do Bolsa Família nos dois Estados e nos seis municípios selecionados para o estudo revelaram a seguinte situação:

Tabela 5

Situação do Bolsa Família em relação aos Estados do Maranhão e do Piauí

Estados	Município	Estimativa de famílias pobres até R$ 120,00 (IBGE) 2004	Famílias pobres até R$ 120,00 cadastradas em 31/3/2008	Nº de famílias beneficiárias c/o benefício liberado 5/2008	% de Famílias pobres até R$ 120,00 referência IBGE 2004 atendidas em 5/2008	% de Famílias pobres até R$ 120,00 referência cadastro em 30/11/2007 atendidas em 5/2008
Maranhão		718.912	904.613	743.431	103,41	82,18
	São Luís	68.252	88.326	68.635	100,51	77,70
	Imperatriz	20.790	15.223	14.345	68,99	94,23
	Araioses	5.785	8.482	6.799	117,52	80,15
Piauí		352.128	449.890	371.070	101,37	82,48
	Teresina	55.729	67.704	56.890	102,08	84,02
	Parnaíba	13.393	14.359	13.495	100,76	93,98
	Acauã	898	1.369	1.022	113,80	74,65

Fonte: MDS (www.mds.gov.br) acessado em 8/7/2008.

A tabela anterior, se considerados dados do IBGE de estimativa de famílias pobres, referentes ao ano de 2004, verificando a situação dos seis municípios dos dois Estados, o atendimento, exceto de Imperatriz-MA, já ultrapassava o total das famílias estimadas pobres com renda de até R$ 120,00. Ademais, verificou-se que os dois municípios mais pobres dos dois Estados: Araioses-MA e Acauã-PI apresentavam o maior percentual de atendimento (117,52% e 113,80%, respectivamente). Todavia, se considerado o total de famílias pobres cadastradas, até 31/03/2008, com renda *per capita* de até R$ 120,00, portanto dentro do perfil do Bolsa Família, dados do MDS de maio de 2008, apresentaram uma realidade diferente. Assim, considerando os dados das famílias cadastradas até 31/03/2008 e as famílias com benefícios liberados em 05/2008, conforme dados disponíveis no site do MDS em 08 de julho de 2008, o Estado do Maranhão e o Estado do Piauí apresentaram, respectivamente, uma cobertura de 82,18% e 82,48%. Os seis municípios dos dois Estados apresentaram cobertura máxima de 94,25% (Imperatriz-MA) e mínima de 74,65% (Acauã/PI). Mesmo sendo possível reafirmar o que vem sendo indicado por estudos referenciados nessa coletânea que o Bolsa Família vem apresentando significativo poder de focalização em famílias pobres, a universalização do Programa em relação às famílias pobres brasileiras, mesmo com o perfil rebaixado de uma renda *per capita* familiar de R$ 120,00, ainda é um desafio. Ademais, os municípios mais pobres da amostra apresentaram os mais baixos percentuais de atendimento (Acauã com 74,65% e Araioses com 80,15%).

Tabela 6

Programas de Transferência de Renda em implementação nos Estados do Maranhão e do Piauí — referência junho de 2008

Programas	Famílias atendidas no Maranhão	Famílias atendidas no Piauí
Bolsa Família	743.431	371.070
Bolsa Escola	39	21
Bolsa Alimentação	1	2
Cartão Alimentação	440	1.181
Auxílio Gás	8.651	10.819
Total	**752.562**	**382.094**

Fonte: MDS (www.mds.gov.br) acessado em 26/2/2008.

Os dados relatados evidenciam que 752.562 famílias foram atendidas, no Maranhão, e 382.094 no Piauí, pelos Programas de Transferência de Renda, em junho de 2008, sendo atendidas pelo Bolsa Família 743.431 no Maranhão e 371.070 no Piauí. Todos os municípios do Maranhão e do Piauí já se encontravam atendidos pelo Bolsa Família. Os dados também revelam que o processo de migração dos quatro programas federais indicados para unificação com o Bolsa Família já se encontrava praticamente concluído. O número ainda significativo do Auxílio Gás nos dois Estados é por esse benefício ter como critério de inclusão uma renda *per capita* familiar de até 50% do salário mínimo e não até R$ 120,00, critério adotado pelo Bolsa Família.

2.3.2 O Bolsa Família: condições de financiamento no Maranhão e no Piauí

Informações acessadas no site do MDS (www.mds.gov.br) em 20/7/2008 indicam que o Maranhão recebe por ano do MDS R$ 1,65 bilhão para execução de programas sociais, de modo que as ações de transferência de renda, assistência social e segurança alimentar beneficiam 4,7 milhões de pessoas. O Bolsa Família transfere por mês R$ 65 milhões para 742 mil famílias maranhenses. Em relação ao Estado do Piauí, este recebe por ano do MDS R$ 710,2 milhões para execução de programas sociais, de modo que as ações de transferência de renda, assistência social e segurança alimentar beneficiam 2,4 milhões de pessoas. O Bolsa Família transfere por mês R$ 30,7 milhões para 371 mil famílias piauienses. Esses dados evidenciam o significado dos valores transferidos para as famílias beneficiárias e para a dinamização das economias locais.

Considerando o desempenho quantitativo do Bolsa Família, há que considerar que, além da universalização de atendimento em relação ao total de famílias que se situam no critério de renda para inclusão no Programa, o processo de unificação dos Programas de Transferência de Renda pode ser considerado um desafio. Primeiro, pela quantidade de famílias existentes nos municípios com perfil para a inserção no Programa, demandando um volume alto de recursos para ser repassado às famílias e para fazer face às atividades de gestão e ao desenvolvimento de ações complementares que possam contribuir para a autonomização das famílias, conforme indicado na própria proposta do Bolsa Família. Ademais, torna-se fundamental que os municípios disponham de quadro técnico com condições objetivas para acompanhar a implementação do Bolsa Família em todos os municípios, além das condições de espaço físico e materiais necessárias para a implementação do Programa.

Um passo nessa direção vem sendo dado com a instituição do Índice de Gestão Descentralizada (IGD), conforme demonstrado nas tabelas a seguir referentes a cada um dos seis municípios dos Estados do Maranhão e do Piauí que integraram a amostra intencional para desenvolvimento do estudo.[2]

Tabela 7

Situação do Município Acauã-PI em relação ao IGD, referência 6/2008.

Especificação	Índice/Valor
Índice de validade dos cadastros	1,00
Índice de atualização de cadastro	0,92
Índice de Condicionalidade de Educação	0,90
Índice de Condicionalidade de Saúde	1,00
IGD — Índice de Gestão descentralizada no Mês	0,96
Recursos transferidos no mês para apoio à gestão	R$ 2.635,20 (95,99%)
Teto de recursos para apoio à gestão	R$ 2.745,00

Fonte: MDS (www.mds.gov.br) acessado em 18/07/2008.

2. O Índice de Gestão Descentralizada (IGD) foi instituído em abril de 2006, por meio da Portaria GM/MDS n. 148/06, e serve para verificar a qualidade da gestão municipal do Programa Bolsa Família, principalmente nos quesitos cadastro e gestão de condicionalidades. Estes componentes são fundamentais para a boa execução do Programa: dados desatualizados e imprecisos no Cadastro Único podem causar falhas no foco das ações e pagamentos indevidos, dificultando o acompanhamento das condicionalidades e tornando mais complexa a gestão de benefícios. O IGD é utilizado para o cálculo dos recursos financeiros repassados pelo MDS aos Municípios para apoiar a gestão descentralizada do Programa Bolsa Família. De abril a setembro/2006 foram repassados mais de R$ 108 milhões.

Tabela 8
Situação do Município Teresina-PI em relação ao IGD, referência 6/2008.

Especificação	Índice/Valor
Índice de validade dos Cadastros	0,98
Índice de atualização de cadastro	0,78
Índice de Condicionalidade de Educação	0,84
Índice de Condicionalidade de Saúde	0,43
IGD — Índice de Gestão descentralizada no Mês	0,76
Recursos transferidos no mês para apoio à gestão	R$ 106.265,10 (75,99%)
Teto de recursos para apoio à gestão	R$ 139.823,00

Fonte: MDS (www.mds.gov.br) acessado em 18/7/2008.

Tabela 9
Situação do Município Parnaíba-PI em relação ao IGD, referência 6/2008.

Especificação	Índice/Valor
Índice de Validade dos Cadastros	0,76
Índice de Atualização de cadastro	0,81
Índice de Condicionalidade de Educação	0,75
Índice de Condicionalidade de Saúde	0,02
IGD — Índice de Gestão descentralizada no mês	0,59
Recursos transferidos no mês para apoio à gestão	R$ 20.049,68 (58,99%)
Teto de recursos para apoio à gestão	R$ 33.983,00

Fonte: MDS (www.mds.gov.br) acessado em 18/7/2008.

As tabelas anteriores, que situam o IGD em relação aos três municípios do Piauí considerados no estudo, demonstram que, em junho de 2008, foi o menor município, Acauã, que apresentou o melhor desempenho em relação aos índices considerados para medição de resultados (índice de validade de cadastro, de atualização de cadastro, de condicionalidade de Educação, de condicionalidade de Saúde e de Gestão descentralizada), de modo que recebeu 95,99% dos recursos totais previstos para o município.

Esse desempenho foi superior a Teresina, que recebeu 75,99% dos recursos previstos, e a Parnaíba, que ficou com 58,99% dos recursos também previstos. O total de recursos recebidos em apoio às gestões do Bolsa Família, no mês de 6/2008, nos três municípios, foi de R$ 129.949,98. Chama a atenção o baixo desempenho de Parnaíba (0,02) e Teresina (0,43) em relação ao Índice de Condicionalidade de Saúde, enquanto Acauã atingiu o índice de 1,00 na condicionalidade de Saúde. Esses dados demonstram o significado do IGD como estímulo ao desempenho dos municípios e enquanto apoio significativo em direção à melhoria da gestão municipal do Bolsa Família, aspecto muito importante no desenvolvimento do Programa, destacados como de extrema relevância pelas gestões municipais.

Tabela 10

Situação do Município de Araioses-MA em relação ao IGD, referência 6/2008.

Especificação	Índice/Valor
Índice de Validade dos Cadastros	1,00
Índice de Atualização de Cadastro	0,88
Índice de Condicionalidade de Educação	1,00
Índice de Condicionalidade de Saúde	1,00
IGD — Índice de Gestão Descentralizada no Mês	0,97
Recursos transferidos no mês para apoio à gestão	R$ 14.513,63 (96,99%)
Teto de recursos para apoio à gestão	R$ 14. 963,00

Fonte: MDS (www.mds.gov.br) acessado em 18/7/2008.

Tabela 11

Situação do Município de Imperatriz-MA em relação ao IGD, referência 6/2008.

Especificação	Índice/Valor
Índice de Validade dos Cadastros	0,68
Índice de Atualização de cadastro	0,92
Índice de Condicionalidade de Educação	0,71
Índice de Condicionalidade de Saúde	0,12
IGD — Índice de Gestão Descentralizada no Mês	0,61
Recursos transferidos no mês para apoio à gestão	R$ 24.346,63 (46,39%)
Teto de recursos para apoio à gestão	R$ 52.475,00

Fonte: MDS (www.mds.gov.br) acessado em 18/7/2008.

Tabela 12

Situação do Município São Luís-MA em relação ao IGD, referência 6/2008.

Especificação	Índice/Valor
Índice de Validade dos Cadastros	0,83
Índice de Atualização de cadastro	0,76
Índice de Condicionalidade de Educação	0,77
Índice de Condicionalidade de Saúde	0,19
IGD — Índice de Gestão Descentralizada no Mês	0,64
Recursos transferidos no mês para apoio à gestão	R$ 109.523,20 (63,99%)
Teto de recursos para apoio à gestão	R$ 171.130,00

Fonte: MDS (www.mds.gov.br) acessado em 18/7/2008.

As tabelas anteriores, que situam o IGD em relação aos três municípios do Maranhão considerados no estudo, demonstram que, em junho de 2008, foi, igualmente ao que ocorreu no Piauí, o menor município, Araioses, que apresentou o melhor desempenho em relação aos índices considerados para medição de resultados (Índice de Validade de Cadastro, de Atualização de Cadastro, de Condicionalidade de Educação, de condicionalidade de Saúde e de Gestão Descentralizada), de modo que recebeu 96,99% dos recursos totais previstos para o município. Esse desempenho foi muito superior a Imperatriz, que recebeu 46,39% dos recursos previstos, e a São Luís, que ficou com 63,99% dos recursos também previstos. O total de recursos recebidos em apoio às gestões do Bolsa Família, no mês de junho de 2008, nos três municípios do Maranhão, foi de R$ 148.383,46. Chama a atenção o baixo desempenho dos municípios de Imperatriz e São Luís, com, respectivamente, 0,12 e 0,19 de cumprimento em relação ao Índice de Condicionalidade de Saúde, sendo que Araioses apresentou 1,00 no cumprimento da condicionalidade do índice de Saúde, o que evidencia o elevado desempenho desse município em relação ao IGD. Esses dados demonstram, também, no Maranhão, o significado do IGD como estímulo ao desempenho dos municípios e enquanto apoio significativo em direção à melhoria da gestão municipal do Bolsa Família, aspecto muito importante no desenvolvimento do Programa, destacados como de extrema relevância pelas gestões municipais.

Entre abril e dezembro de 2006, quando foi implantado o IGD, o MDS repassou aos municípios um total de R$ 161,3 milhões. Como verificado nas tabelas anteriores, os valores variam de município para município, de acordo com o desempenho do município em relação à gestão do Programa, variando de zero a um, sendo mantido o repasse do IGD em 2007 e 2008.

Em 2007, segundo dados acessados no site www.mds.gov.br, em 20/7/2008, referência junho/2008, foram repassados de IGD para o Maranhão R$ 15,4 milhões e para o Piauí, R$ 8,3 milhões.

Atualmente, os repasses de recursos do IGD para os municípios se orientam pela Portaria GM/MDS n. 220/2008, que alterou a portaria GM/MDS n. 148, de 27 de abril de 2006. Pela portaria em vigor a partir de agosto de 2008, para o recebimento dos recursos, o município deve alcançar um valor mínimo de 0,55 no cálculo geral do IGD e o valor mínimo de 0,2 em cada um dos indicadores que compõem o IGD (Atualização do Cadastro, Validade do Cadastro, Acompanhamento das Condicionalidades de Educação e de Saúde). Todavia, dada a dificuldade de registro das informações de saúde no Sistema de Vigilância Alimentar e Nutricional (SISVAN), o MDS adiou o prazo para os municípios atingirem a taxa mínima de 0,2 no Acompanhamento das Condicionalidades de Saúde até fevereiro de 2009. Isso evidencia o reconhecimento do MDS das dificuldades que os municípios têm para acompanhamento das condicionalidades, em especial as de Saúde. Nesse sentido, o MDS, juntamente com o Ministério da Saúde, com os Estados e Municípios devem elaborar propostas para melhorar o acompanhamento da Saúde.

Os recursos do IGD são destinados para melhoria dos processos de acompanhamento das condicionalidades, as ações de cadastramento e a atualização dos dados das famílias, podendo ainda ser aplicado em atividades de capacitação profissional, de geração de trabalho e renda, ou aumento da escolaridade, conforme as prioridades de cada município.

2.3.3 Organização e Gestão do Bolsa Família no âmbito do Estado do Maranhão

No Estado do Maranhão, a gestão do Bolsa Família encontra-se sob a responsabilidade da Secretaria de Estado de Desenvolvimento Social

— SEDES que instituiu uma coordenação estadual intersetorial constituída por representantes da Saúde, da Assistência Social, que também assume a Rede de Proteção Básica e Especial do Estado, da Segurança Alimentar e Nutricional e da Educação. O Bolsa Família encontra-se sob a coordenação, na grande maioria dos municípios (cerca de 90%), de Secretarias de Assistência Social que, geralmente, dispõem apenas de uma sala onde são desenvolvidas todas as atividades pertinentes ao Programa.

Em São Luís, o Bolsa Família encontra-se sob a coordenação de um Comitê Gestor intersetorial constituído pela Secretaria Municipal de Educação — SEMED; Secretaria Municipal da Criança e Assistência Social — SEMCAS e Secretaria Municipal de Saúde — SEMUS. A SEMED oferece a infra-estrutura ao Programa, sendo esta reconhecida junto ao MDS como órgão municipal gestor. A SEMCAS, órgão da Prefeitura de São Luís, gestor da Política de Assistência Social, constitui-se num espaço onde se desenvolve significativamente a discussão sobre a política de transferência de renda. O cadastro das famílias é feito pelas três Secretarias, podendo também ser feito nos onze Centros de Referência de Assistência Social — CRAS de São Luís, enquanto unidades de Assistência Social da SEMCAS, embora estes órgãos tenham número reduzido de pessoal e infra-estrutura insuficiente para atender toda a demanda.

Quanto às formas de relação do Bolsa Família com o Bolsa Familiar para Educação, programa de transferência de renda da Prefeitura Municipal de São Luís, o que vem se verificando é uma pactuação ou integração entre os dois programas, permitindo a instituição de um novo programa denominado *Bolsa Parceria*, que passou a existir paralelamente com o Bolsa Família do Governo Federal. Nesse aspecto, foi instituído um cartão bancário para uso das famílias inicialmente com logotipo da Prefeitura e do Governo Federal; foram adotados (além dos critérios do programa municipal) os critérios de elegibilidade do Bolsa Família. Diferentemente do Bolsa Família, foi instituído um valor fixo de benefício de R$ 100,00 para as famílias do Bolsa Parceria, independente do número de filhos, sendo esse valor, quando necessário, complementado com recursos da Prefeitura, visto que as famílias do Bolsa Família recebem uma transferência monetária de valores variados, conforme o número de filhos e se pobres ou indigentes. Ademais, o Bolsa Parceria é destinado ao atendimento de famílias com filhos na Rede Municipal de Educação e desenvolve algumas ações complementares, principalmente no campo de geração de trabalho e renda. Em dezembro de 2005, eram inseridas no Bolsa Parceria 4.000 famílias, sendo que em janeiro de 2008 o número de famílias atendidas era de 1.473, o que evidencia a tendência de incorporação do Bolsa Parceria pelo Bolsa Família. Portanto, o programa municipal se desenvolve paralelamente ao Bolsa Família em São Luís, embora venha se verificando integração entre estes programas, em termos de critério de elegibilidade das famílias e de complementação do benefício monetário. Essa integração se efetiva mediante o desenvolvimento de alguns procedimentos, como adoção dos mesmos critérios de elegibilidade; inserção das famílias no Cadastro Único; gestão dos programas; recebimento do benefício na Caixa Econômica Federal e manutenção de cartão magnético com logotipo do Governo Federal.

Em geral, a situação dos municípios do Estado do Maranhão para implementação do Bolsa Família em relação aos recursos humanos é ainda precária, em termos quantitativos e de qualificação. São profissionais, dois ou três em cada município (uma assistente social, um digitador e um coordenador do Programa), muitas vezes, com contratos precários e provisórios, podendo comprometer, portanto, o desempenho do Programa, sendo estes responsáveis por todos os programas de transferência de renda do município. Em São Luís, o Programa é gerido pela SEMED, SEMCAS e SEMUS. A equipe da SEMED é composta por quatro assistentes sociais, três pedagogas, seis técnicos de informática e sete estagiários, que assumem todas as tarefas para o desenvolvimento do Programa no município.

A equipe da SEMCAS, no que tange ao Programa Bolsa Família, é composta de duas assistentes sociais, um programador e três digitadores. Há ainda onze CRAS, onde existem, em cada um, duas psicólogas, duas assistentes sociais, uma estagiária de Serviço Social, uma de Direito e um profissional para apoio técnico.

A equipe da SEMUS é composta por uma coordenadora/nutricionista, uma assistente social, dois cadastradores e cinco digitadores.

Em relação às instalações físicas, em São Luís, a situação é considerada satisfatória, principalmente com a utilização dos onze CRAS já instalados no Município. Na SEMUS, as instalações físicas (destinadas ao atendimento do Programa Bolsa Família) estão em processo de melhoria, visto que ainda não dispõem de condições necessárias para um atendimento adequado. Nos demais municípios do Estado, essa situação é deficiente, sendo, na maioria dos municípios, disponibilizada para todas as atividades do Bolsa Família, do Cadastro Único e dos outros programas de transferência de renda apenas uma sala onde são desenvolvidas todas as atividades.

Quanto aos equipamentos disponibilizados para a gestão do Bolsa Família, constituem-se num grande entrave ao desenvolvimento do Programa nos municípios do Maranhão. Em São Luís, na SEMCAS e na SEMED a situação é satisfatória para atender à dinâmica normal de trabalho, o mesmo não ocorrendo com a SEMUS. Na maioria dos municípios, os microcomputadores não atendem às versões freqüentemente atualizadas do Cadastro Único, existindo, muitas vezes, somente um computador para o trabalho de toda a Secretaria onde se situa o Bolsa Família. Para melhorar essa situação, o Governo Federal, que já transferia recursos financeiros para pagamento dos benefícios diretamente às famílias, a partir de 2006, começou a repassar recursos financeiros, via Termo de Adesão, para dotar os municípios de condições na operação das atividades de cadastramento e manutenção de dados das famílias. Essa situação, conforme visto anteriormente, se tornou mais estável com a instituição do IGD, fundamental para a melhoria da gestão municipal do Bolsa Família.

Em relação ao monitoramento e acompanhamento do Bolsa Família, esse processo se desenvolve, em nível do Estado, podendo acontecer à distância, mediante comunicação por telefone, fax e *e-mail* e presencial de acordo com roteiro de supervisão, tendo sido cerca de 180 dos 217 municípios visitados em 2005 pela equipe da SEDES e do Fome Zero. Em 2006, a SEDES realizou visita a 40 municípios com baixo atendimento ao Cadastro Único e ao Programa Bolsa Família. Em 2007, a SEDES realizou diagnóstico em 170 municípios sobre a implantação e implementação dos Sistemas de Segurança Alimentar e Nutricional e do Sistema Único de Assistência Social, abrangendo toda a rede de serviços sócio-assistenciais. O acompanhamento também ocorre em caso de situação de denúncia, sendo, as mais comuns, a duplicidade de famílias ou pessoas no cadastro; perda de base de dados; famílias recebendo o benefício fora do perfil exigido; troca de funcionários, terceirização de serviços e falta de equipe permanente, o que é atenuado mediante processo de capacitação. Em São Luís, o monitoramento e acompanhamento são feitos pelos onze CRAS, com uma meta de 1.000 famílias por CRAS, não se constituindo, porém, num processo contínuo nem sistemático. A partir de abril de 2006, as assistentes sociais da Superintendência do Bolsa Parceria da SEMED passaram a realizar visitas sistemáticas, por amostragem aos beneficiários do Programa Bolsa Família.

No que se refere à divulgação e acesso das famílias ao Programa no Estado, verificou-se que os canais mais utilizados para divulgação do Bolsa Família e dos outros programas de transferência de renda são os informes e propagandas do Governo Federal na televisão e em jornais; kits informativos; notícias em rádio; avisos sobre cadastramento de famílias também em jornais e televisão. Todavia, o Programa é conhecido e divulgado pelos próprios interessados mediante uma rede natural e permanente de divulgação já estabelecida na sociedade. Nos municípios menores, e mesmo em São Luís, a divulgação boca a boca é muito eficaz, de modo que, quando uma pessoa tem uma informação sobre o Programa, termina repassando para parentes, amigos e vizinhos. Nos municípios menores, também carros de sons são utilizados. Ademais, a realização do cadastramento permanente das famílias é outro importante canal de divulgação.

O controle social do Bolsa Família é uma exigência pactuada no termo de adesão do município com o MDS. No caso do Maranhão, os Conselhos Municipais de Assistência Social funcionam na maioria dos municípios como responsáveis pelo controle social do Programa. Todavia, o estudo empírico desenvolvido permitiu destacar alguns limites para a atuação dos conselhos enquanto órgãos de controle social, tais como: interferência política na composição dos conselhos, mesmo na indicação dos representantes da sociedade civil; deficiência de pessoal e de infra-estrutura para funcionamento; falta de clareza sobre as reais funções do conselho em relação ao Programa e capacitação de conselheiros considerada insuficiente para desenvolver os trabalhos.

2.3.4 Organização e Gestão do Bolsa Família no âmbito do Estado do Piauí

Para desenvolver o processo de unificação dos quatro programas de transferência de renda federais mediado pelo Bolsa Família, seguindo as instruções normativas do MDS, em junho de 2004, foi organizada a Comissão Estadual do Programa Bolsa Família, composta pelas instituições: Secretaria de Assistência Social e Cidadania — SASC, Secretaria Estadual do Estado do Piauí, Secretaria Estadual de Educação, Fome Zero, Caixa Econômica Federal e Ministério Público. O objetivo principal da Comissão Gestora foi acompanhar o processo de implantação do Bolsa Família no Estado, no âmbito da gestão, controle e avaliação das ações desenvolvidas nos municípios. A SASC é o órgão de referência para coordenar, controlar e avaliar as ações do Programa nos municípios, dispondo de uma coordenação composta pelo coordenador, dois técnicos sociais, uma telefonista e um operador. Todavia, a discussão e a estruturação desse processo tiveram início em 2005, mediante encontros organizados por pólos regionais, sendo desenvolvidas ações de capacitação para gestores, operadores e coordenadores municipais do CADÚNICO/Bolsa-Família no Estado e capacitação para a implantação da então versão 6.0 do Sistema do Cadastro Único e do Sistema de Gestão de Benefícios — SIBEC.

Quanto às atribuições e papéis das outras instituições da comissão estadual, ficou definido que ao Ministério Público caberia organizar os promotores de justiça municipais para o acompanhamento do Programa, repassando informações e denúncias para que sejam apuradas e investigadas, estabelecendo procedimentos que contribuam ao aprimoramento sistemático, contínuo e consistente da execução do Bolsa Família, objetivando a prevenção de falhas, impropriedades e irregularidades. À Caixa Econômica Federal cabe o estabelecimento de comunicação com os gerentes regionais, devendo cumprir e garantir o funcionamento das agências, de modo a possibilitar suporte operacional aos municípios que se encontrem em dificuldades com o sistema. Ao Programa Fome Zero cabe a garantia do controle por meio da organização popular, através da mobilização dos Comitês Fome Zero. A Secretaria Estadual de Saúde do Piauí — SESAPI e a Secretaria Estadual de Educação — SEED cabe o cumprimento das condicionalidades na área da saúde e da educação e a oferta dos serviços às crianças atendidas pelo Programa.

Constatou-se que uma das preocupações do grupo gestor estadual foi planejar uma agenda de atividades de capacitação dos técnicos no Estado.

Dentre as principais ações desenvolvidas pela coordenação estadual destacaram-se: realização de capacitações regionais em parceria com a Caixa Econômica Federal — CEF; participação no Fórum do Sistema Único de Assistência Social — SUAS e participação no I Encontro Estadual de Coordenadores e Operadores do Cadastro Único e Bolsa-Família; divulgação e esclarecimento sobre o Programa Bolsa Família nas comunidades.

A avaliação desse processo, feita pela Coordenação Estadual, apresentou os seguintes avanços e perspectivas: estruturação da equipe; disponibilização de equipamentos necessários ao suporte técnico para os municípios; organização de um banco de dados das coordenações municipais do cadastro único; realização de capacitações, favorecendo o entendimento das diretrizes do Programa Bolsa Família no Estado.

No geral, os municípios enfrentaram obstáculos no momento de estabelecer a estrutura para a operacionalização do Programa Bolsa Família, como, por exemplo, a demora na definição dos representantes das instituições locais para compor a coordenação gestora municipal; o cumprimento das atribuições das instâncias de controle social; a dificuldade na definição das atribuições dos Estados (federados) em relação ao MDS; a impossibilidade de universalização dos benefícios a todas as famílias cadastradas e aptas a receberem o benefício do Bolsa Família nos municípios.

A atualização cadastral solicitada pelo MDS foi difícil de ser realizada no tempo estabelecido (junho de 2005, prorrogado para dezembro de 2006), por dificuldades inerentes às próprias condições de pessoal e de equipamento dos municípios. Assim, muitos dos municípios iriam devolver recursos, por falta de um planejamento que levasse em consideração as condições regionais e locais; porém essas dificuldades foram superadas à medida que a coordenação estadual proporcionou capacitação às equipes coordenadoras do Programa em cada município.

No desenvolvimento da pesquisa, constatou-se que os municípios, no geral, não dispõem de condições de manter-se informatizados em razão dos limites em termos de espaços físicos para equipar e abrigar técnicos necessários à realização do cadastro e operacionalizar as demais atividades previstas pelo sistema. As prefeituras não estavam com técnicos preparados para estruturar o processo de informatização. Situações como queda de energia elétrica, não permitindo a rede suportar as instalações, criaram problemas para os equipamentos e para a manutenção dos dados no sistema. Outra dificuldade apresentada é falta de pessoal técnico qualificado tanto para operar o computador quanto para dar o suporte necessário na manutenção desse sistema.

Em junho de 2007, verificou-se que muitos desses obstáculos já haviam sido superados em razão dos recursos repassados aos municípios que foram avaliados, por meio do IGD, considerado altamente significativo para criar condições básicas para implementação do programa nos municípios. Esta forma de incentivo tem mobilizado os municípios a se estruturarem para atender aos seguintes indicadores: a qualidade e a integridade das informações constantes no CADÚNICO, apurada por meio do percentual de cadastro válido; a atualização da base de dados do CADÚNICO; as informações sobre o cumprimento das condicionalidades da área de educação e de saúde.

Para atingir o público-alvo dos programas sociais, o Estado tem utilizado diversas formas de divulgação que possibilitaram o repasse de informações sobre o processo de unificação dos programas de transferência de renda e a apresentação de denúncias sobre irregularidades apresentadas durante o processo de migração de famílias para o Bolsa Família. Nessa divulgação, destaca-se o repasse à população de material de divulgação elaborado pelo MDS, como o kit Bolsa Família — camisas, CD, cartilhas informativas.

A ação de controle social é parte constitutiva da gestão do Programa Bolsa Família. Os conselhos têm sido convocados a desenvolver esforços no sentido de concretizar o objetivo proposto pelo Programa, ou seja, de acompanhar, controlar e deliberar sobre o processo de gestão do Bolsa Família composto por órgãos do Estado e pela sociedade civil por meio de suas entidades representativas. Na avaliação da coordenadora estadual, os municípios ainda não estão suficientemente organizados para o exercício do controle social.

Nos anos de 2005 a 2006, período de estruturação e implantação do Bolsa Família no Piauí, foram apresentados como obstáculos para o acompanhamento mais sistemático desse processo, por parte da equipe gestora, o pouco tempo de que dispõem os técnicos da área social e as limitações objetivas para estes se deslocarem aos municípios a fim de repassarem as informações necessárias ao desenvolvimento do processo de unificação às equipes gestoras locais, de modo especial, às famílias beneficiárias. A equipe compreendia que as informações deveriam chegar até o usuário, mesmo com as dificuldades no tocante a deslocamentos para o município.

Nos três municípios pesquisados no Estado do Piauí (Teresina, Parnaíba e Acauã), é o Conselho Municipal de Assistência Social que tem assumido as funções de controle social do Bolsa Família. Nos 223 municípios do Estado já se encontram implantados os Conselhos Municipais da Assistência Social, o que não significa desenvolverem as atribuições de controle social, acompanhamento e monitoramento definidas como intrínsecas ao processo de gestão dos programas sociais. Existem conselhos formados, mas que não se reúnem, como é o caso do município de Parnaíba. Assim, quanto ao controle social do Bolsa Família, verifica-se que ainda é um processo a ser construído nos municípios, constituindo-se numa questão de preocupação para a gestão estadual. As instâncias de controle social ainda não conhecem o papel que têm e a importância da participação social no processo de implementação do Programa Bolsa Família. A Coordenadora Estadual do Programa indicou, em entrevista realizada com a coordenadora em abril de 2007, a necessidade de capacitação sistemática para técnicos e membros das entidades da sociedade civil que compõem os conselhos.

A seguir, é apresentado o perfil das famílias beneficiárias do Bolsa Família nos Estados do Maranhão e Piauí, constituindo-se em mais uma dimensão da pesquisa para aprofundar o conhecimento do Bolsa Família nos dois Estados.

2.4 Perfil das famílias beneficiárias do Bolsa Família no Maranhão e no Piauí

O perfil das famílias atendidas pelo Bolsa Família no Maranhão e no Piauí aqui analisado teve como fonte de dados o Cadastro Único dessas famílias, considerando um estudo desenvolvido pela Secretaria Nacional de Renda de Cidadania/Departamento do Cadastro Único do Ministério do Desenvolvimento Social e Combate à Fome (MDS), sob o título "Perfil das Família Beneficiárias do Programa Bolsa Família" (2006).

De acordo com esse estudo, no ano de 2006, 10.965.810 famílias eram atendidas pelo programa, das quais 49,6% concentravam-se na região Nordeste, sendo que 6,5% (706.878 famílias) residiam no Maranhão e 3,4% (366.906 famílias) no Piauí.

Em termos de situação do domicílio, em ambos os Estados a maior parte dessas famílias estava na área urbana (54,8% no Maranhão e 53,9% no Piauí), em conformidade com o verificado na região Nordeste e no conjunto do Brasil, em que os percentuais de famílias beneficiárias que residiam no meio urbano eram de 58,3% e 68,4%, respectivamente. Cumpre ressalvar, porém, que no Maranhão e no Piauí, como de resto em todo o Nordeste, os percentuais de famílias beneficiárias situadas no meio rural ainda eram bem maiores do que na totalidade do país, guardando, portanto, correspondência com a própria distribuição da população de tais localidades por situação de domicílio, onde a zona rural ainda tem um peso significativo.

Quanto às características do domicílio, 95% das famílias atendidas no Maranhão e 96,6% no Piauí residiam em casas, sendo insignificantes os percentuais das que habitavam em cômodos (1,5% no Maranhão e 1,2% no Piauí) e, sobretudo, os das que tinham apartamentos como tipo de moradia (0,5% no Maranhão e no Piauí). Este perfil não difere muito do identificado para o Nordeste e o Brasil, onde, respectivamente, 93,6% e 91,8% das famílias cadastradas no Programa moravam em casas e 3,2% e 5,2% em cômodos.

Os domicílios eram predominantemente próprios, para 77,9% das famílias beneficiárias no Maranhão e para 73,6% no Piauí, em comparação com 69,4% no Nordeste e 62,7% no Brasil. Em segundo lugar, sobressaíam os domicílios cedidos, nos quais se enquadravam 12,8% das famílias maranhenses e 15,9% das piauienses. Em menor proporção, apareciam os domicílios alugados, onde se encontravam 4,2% das famílias no Maranhão e 5,4% no Piauí. As "invasões", os imóveis financiados e os arrendados tinham participações desprezíveis no total das famílias dos dois Estados, assim como do Nordeste e do Brasil.

Chama atenção a qualidade mais precária dos domicílios maranhenses e piauienses, em termos do tipo de construção, se comparados aos do Nordeste e do Brasil, o que certamente reflete a própria realidade dos dois Estados, que se destacam como os mais pobres da federação. Com efeito, residiam em domicílios de alvenaria apenas 39,1% das famílias atendidas no Maranhão e 46,5% no Piauí, contra 69% tanto no Nordeste quanto no Brasil. Uma diferença identificada entre os dois Estados é que no primeiro os domicílios de taipa, revestida ou não, tinham participação significativa (43% contra 21% no Piauí). Enquanto isso, as construções de adobe eram mais características do Piauí (31,0%) do que do Maranhão (11,0%).

A precariedade das condições de moradia das famílias beneficiárias dos dois Estados também se manifesta no tipo de iluminação, visto que apenas 64,6% no Maranhão e 59% no Piauí moravam em domicílios ligados à rede elétrica com relógio próprio em comparação com 74,5% no Nordeste e 75,4% no Brasil. Principalmente no Piauí, um número representativo ainda utilizava vela, lampião ou outra forma de iluminação (26,9%), enquanto no Maranhão este percentual, embora ainda elevado, era um pouco menor (19,0%).

Já em relação ao abastecimento de água, as famílias atendidas no Maranhão se encontravam em pior situação, vez que apenas 47,8% tinham acesso à rede pública, contra 53,3% no Piauí. Vale ressaltar que estes percentuais eram de 57,1% no Nordeste e 64% no Brasil. Acrescente-se a isso o fato de que nos dois Estados as condições de tratamento da água deixavam muito a desejar, posto que 35,9% das famílias cadastradas no Maranhão e 41,4% no Piauí utilizavam água sem qualquer tipo de tratamento, em comparação com 24,2% no Nordeste e 23,8% no Brasil.

Do ponto de vista do esgotamento sanitário, o quadro dessas famílias era ainda mais dramático, registrando-se somente 9,2% no Maranhão e 10,2% no Piauí, que residiam em domicílios ligados à rede pública de esgoto, contra 25,4% no Nordeste e 36,1% no Brasil. Cumpre mencionar que 44,1% das famílias piauienses e 26,5% das maranhenses despejavam os dejetos a céu aberto. Estes números no Nordeste e no Brasil eram de 23,9% e 15,5%, respectivamente.

Mudando o foco da análise das famílias para os seus membros constitutivos, o Programa beneficiava em 2006 um total de 2.923.452 pessoas no Maranhão e 1.480.042 no Piauí. Predominavam nos dois Estados, assim como no Brasil e no Nordeste, as pessoas do sexo feminino (52,6% no Maranhão e 51,5% no Piauí).

Em termos de faixa etária, o perfil dos beneficiários maranhenses e piauienses se assemelhava ao dos nordestinos e brasileiros, havendo maior concentração na faixa de 7 a 15 anos (29,9% no Maranhão e 26,6% no Piauí). Em segundo lugar em participação estavam as pessoas de 16 a 24 anos (19,8% no Maranhão e 20% no Piauí). Desta faixa em diante, os percentuais começavam a decrescer, tanto no Brasil e no Nordeste quanto nos dois Estados em análise, de forma que os idosos de 65 anos ou mais de idade representavam apenas 1,4% do total de beneficiários no Maranhão e 1,2% no Piauí. As crianças de 0 a 6 anos tinham um peso intermediário, de 13,3% e 12,0%, respectivamente.

No item raça / cor, a maioria dos membros das famílias se enquadrava na cor parda (75,5% no Maranhão e 69,1% no Piauí). Os brancos representavam 11,5% dos beneficiários maranhenses e 14,1% dos piauienses, enquanto os negros ocupavam terceiro lugar, com 6,8% e 9,2%, respectivamente. Participações irrisórias tinham os amarelos e indígenas, com respectivamente 0,4% e 0,5% no Maranhão e 0,8% e 0,2% no Piauí. Vale ainda acrescentar, no que diz respeito às necessidades especiais, que apenas 1,1% das pessoas atendidas pelo Bolsa Família possuíam algum tipo de deficiência.

Do ponto de vista educacional, 79% dos beneficiários do Programa no Maranhão e 71,3% no Piauí freqüentavam escolas da rede pública municipal, seguidos dos que estavam matriculados em estabelecimentos da rede pública estadual (18,5% no Maranhão e 26,2% no Piauí). Os percentuais dos que estudavam em escolas públicas federais e em escolas particulares tinham pouca representatividade (0,2% e 1,3% no Maranhão e 0,2% e 1,2% no Piauí, respectivamente).

Dentre os beneficiários com mais de dois anos de idade que freqüentavam escola, a maioria tinha até a 4ª série completa do ensino fundamental nos dois Estados considerados, tal como no Brasil e no Nordeste. De fato, 60,3% no Maranhão e 57,7% no Piauí se enquadravam neste grau de instrução, sendo seguidos pelos que tinham da 5ª até a 8ª série completa do mesmo nível de ensino (28,2% no Maranhão e 27,1% no Piauí). Os analfabetos representavam apenas 2,8% desse universo no Maranhão e 3,1% no Piauí.

Já tomando como universo os beneficiários com mais de cinco anos de idade e que não freqüentavam escola, o percentual de analfabetos cresce significativamente nos dois Estados, passando para 34,6% no Maranhão e 32% no Piauí. Em contrapartida, diminuem as participações dos que tinham até a 4ª série completa do ensino fundamental (34,7% no Maranhão e 41,1% no Piauí), bem como dos que tinham cursado da 5ª até a 8ª série completa deste nível de ensino (16,5% no Maranhão e 14,9% no Piauí).

Centrando o foco da atenção nos responsáveis pelas famílias beneficiárias, 90,7%, no Maranhão, e 89,1%, no Piauí, eram do sexo feminino e cerca de um terço se concentrava na faixa etária de 25 a 34 anos (32,7% no Maranhão e 32,2% no Piauí). A segunda faixa etária de maior representatividade era a de 35 a 44 anos (28,5% no Maranhão e 29,2% no Piauí). Quanto ao grau de instrução, 37,2% no Maranhão e 43,2% no Piauí tinham até a 4ª série do ensino fundamental. Os analfabetos representavam 25% dos responsáveis pelas famílias no Maranhão e 23,2% no Piauí, em comparação com 16,3% no Brasil e 21,8% no Nordeste.

Com base no perfil aqui apresentado, pode-se depreender que, em relação a todos os indicadores contemplados pelo estudo, as famílias beneficiárias do Programa Bolsa Família no Maranhão e no Piauí estão em evidente desvantagem em relação às do conjunto do país e mesmo frente às da região Nordeste. Tal fato não causa surpresa, considerando-se as condições socioeconômicas dos dois Estados, já apresentadas em item precedente, as quais demonstram que se tratam das unidades mais pobres da federação, justificando-se, portanto, a escolha destas como universo da pesquisa aqui apresentada.

Referências bibliográficas

FUNDAÇÃO CEPRO. *Atlas da exclusão social no Piauí*. Teresina: CEPRO, 2003.

IBGE. *Pesquisa Nacional por Amostra de Domicílios*, 2005.

IBGE. *Pesquisa Nacional por Amostra de Domicílios:* síntese de indicadores 2005. Rio de Janeiro: IBGE, 2006.

______. Síntese de Indicadores Sociais 2006. *Estudos & Pesquisas:* Informação Demográfica e Socioeconômica n. 19. Rio de Janeiro: IBGE, 2006.

______. Síntese de Indicadores Sociais: uma análise das condições de vida da população brasileira 2007. *Estudos & Pesquisas:* Informação Demográfica e Socioeconômica n. 21. Rio de Janeiro: IBGE, 2007.

______. *Censo Demográfico 1991*. Rio de Janeiro: IBGE, 1991.

______. *Censo Demográfico 2000*. Rio de Janeiro: IBGE, 2000.

IPEA/PROGRAMA DAS NAÇÕES UNIDAS PARA O DESENVOLVIMENTO (PNUD). *Atlas de Desenvolvimento Humano no Brasil*. Software 1.0.0: ESM consultoria, 2003.

MENDES, Felipe. *Economia e desenvolvimento do Piauí*. Teresina, Fundação Monsenhor Chaves, 2003.

MINISTÉRIO DE DESENVOLVIMENTO SOCIAL E COMBATE À FOME/Secretaria Nacional de Renda de Cidadania/Departamento do Cadastro Único. *Perfil das Famílias Beneficiárias do Programa Bolsa Família*. Brasília, 2006 (mimeo.)

PIAUÍ. *Piauí: visão global*. Teresina: CEPRO, 2003.

______. *Atlas da exclusão social no Piauí*. Teresina: CEPRO, 2003a.

POCHMANN, M.; AMORIM, R. (Orgs.). *Atlas da exclusão social no Brasil*. 3. ed. São Paulo: Cortez, 2004.

SANTOS, Milton. *A urbanização brasileira*. São Paulo: Hucitec, 1993.

3

O Bolsa Família como mediação da unificação dos programas de transferência de renda: resultados de um estudo empírico no Maranhão e no Piauí

Maria Ozanira da Silva e Silva
Maria D'Alva Macedo Ferreira
Maria do Rosário de Fátima e Silva

3.1 Introdução

No contexto do Projeto de Acompanhamento e Avaliação de Políticas Públicas de Transferência de Renda no Brasil, cujos resultados dos estudos referentes aos Estados do Maranhão e Piauí são objetos de exposição na presente coletânea, entre as dimensões consideradas, foi dado destaque à avaliação do processo de implementação da unificação do Bolsa Família. Para isso, foi desenvolvido estudo empírico em seis municípios do Maranhão e do Piauí, selecionados para compor uma amostra intencional, conforme critérios apresentados no capítulo de introdução desta coletânea. Também na referida introdução, foi destacada a utilização da técnica do grupo focal para desenvolvimento dessa dimensão empírica da pesquisa, bem como foi apresentado o quadro de indicadores e variáveis que foram considerados para orientar o estudo.

A metodologia do grupo focal proporcionou uma aproximação entre os pesquisadores e os técnicos das instituições que operacionalizam nos Estados e nos municípios a gestão e a execução do Programa Bolsa Família. Tais pesquisadores e técnicos, apesar da sobrecarga diária, puderam se ausentar do seu espaço de trabalho para potencializar a reflexão sobre o seu fazer cotidiano na implementação de um programa de âmbito federal e seus desdobramentos no âmbito estadual e municipal.

O espaço de discussão proporcionado pelo grupo focal possibilitou o conhecimento das dificuldades vivenciadas pelos profissionais no tocante a recursos humanos e infra-estrutura nos Estados e nos municípios para dar corpo à nova política de transferência de renda adotada pelo Governo Federal, configurada nos termos de adesão assinados pelos governos estaduais e municipais com o Governo Federal. A esse respeito registraram o esforço dos Estados e Municípios na busca de condições para que estes entes federados possam preencher as exigências postas pelo MDS na execução da política pública de transferência de renda mediante o processo de unificação dos programas federais até então existentes nesta área em um mesmo Programa, ou seja, no Programa Bolsa Família.

Além das deficiências de pessoal e de infra-estrutura, foi evidenciado, no debate com os técnicos, a pouca preparação das equipes técnicas para lidar com o processo de implantação e implementação do Bolsa Família, o que demanda investimento dos Estados em capacitação para compreensão das novas diretrizes de gestão do Programa; das formas de abordagem do público-alvo, desde a elaboração do cadastro até o momento da concessão do benefício e a compreensão das formas de acompanhamento das famílias no cumprimento das condicionalidades estabelecidas.

No caso do Piauí, foram também apontadas dificuldades de articulação entre os membros que compõem a comissão gestora no Estado. Esta comissão abrange a representação dos seguintes órgãos: Secretarias Estaduais de Assistência Social, Educação e Saúde, Caixa Econômica Federal, Ministério Público e coordenação do Programa Fome Zero no Estado. Essa dificuldade, porém, foi sendo sanada parcialmente com as iniciativas de capacitação proporcionadas pela Coordenação do Programa Bolsa Família no Estado por meio dos fóruns de discussão acerca do processo de implementação, estabelecendo as competências e responsabilidades de cada membro da Comissão Gestora. O mesmo investimento em capacitação foi desenvolvido nos municípios do Piauí e do Maranhão, além da presença de equipes das coordenações estaduais nos municípios, mediante visitas de acompanhamento e assessoria ao processo de implantação do Bolsa Família e preenchimento dos termos de adesão municipal.

Em termos da realização desse estudo de campo nos seis municípios, verificou-se que a maioria foi aberta e disponível para receber e debater questões sobre a situação do Bolsa Família nos seus municípios. Todavia, ocorreram algumas dificuldades, por parte de dois municípios para agendamento de reuniões e para a publicização do debate das ações realizadas no contexto da gestão do Programa Bolsa Família. Por essa razão, muitas das informações sobre o processo de unificação dos programas de transferência de renda só puderam ser completadas posteriormente em novos contatos ou mediante o levantamento de documentos pertinentes.

No caso dos três municípios do Maranhão, é importante ressaltar que, após a elaboração de uma versão preliminar dos relatórios, estes foram encaminhados aos participantes dos grupos focais para complementações ou retificações dos conteúdos registrados. No caso de São Luís, ocorreu ainda a realização posterior de uma reunião para discussão e complementação do referido relatório, o que fez do uso do procedimento do grupo focal uma abordagem participativa e de grande interesse.

Neste capítulo, são apresentados os resultados dos estudos empíricos, realizados nos seis municípios do Maranhão e Piauí, mediante o desenvolvimento de grupos focais, destacando variáveis e um conjunto de indicadores referentes a cada variável que orientaram o trabalho de discussão. Nesse aspecto, são apresentadas as reflexões referentes às formas de adesão dos municípios ao Bolsa Família; identificação de outros programas de transferências de renda e articulação destes com o Bolsa Família nos municípios; desenvolvimento do processo de migração dos programas federais para o Bolsa Família; estratégias utilizadas para alcançarem o público-alvo do Bolsa Família; atividades complementares desenvolvidas e acesso dos membros das famílias beneficiárias à rede de serviços sócio-assistenciais nos municípios; condicionalidades do Bolsa Família; uso da transferência monetária pelas famílias; articulação do Bolsa Família com sujeitos sociais locais; autonomização das famílias; fatores facilitadores e obstáculos no desenvolvimento do Bolsa Família nos municípios e sugestões dos municípios ao Bolsa Família.

3.2 Apresentação e análise dos resultados do estudo empírico sobre o Bolsa Família nos Municípios dos Estados do Maranhão e do Piauí

Considerando as variáveis e indicadores que orientaram o trabalho de campo, mediante o desenvolvimento da técnica de grupo focal, apresentadas na introdução desta coletânea, têm-se os resultados a seguir considerados nos seis municípios integrantes da amostra intencional nos Estados do Maranhão e Piauí.

4.2.1 Adesão dos municípios ao Bolsa Família

O processo estabelecido entre o município de São Luís e o Governo Federal, em preparação à adesão ao Bolsa Família, foi marcado, inicialmente, por visita de técnicos do MDS a partir de agosto de 2003. Foi, então, apresentada a proposta de unificação dos programas de transferência de renda federais mediante a implementação do Bolsa Família para a equipe de técnicos do Programa Municipal Bolsa Familiar para Educação, a partir do que o município assinou termo de adesão ao Bolsa Família com o Governo Federal.

Nesses encontros, foram identificados pontos de convergência e de divergência entre as equipes dos dois níveis de governo, municipal e federal. Entre as convergências identificadas, os aspectos mais realçados situaram-se principalmente no campo da concepção da unificação, destacando-se:

- Potencialização do atendimento municipal com a ampliação do número de famílias a serem atendidas, embora esse atendimento venha sendo progressivamente reduzido.

- Adoção da concepção de centralidade na família, com possibilidades de romper com a visão fragmentada de inclusão de determinados membros da família, com diferenciação das crianças.
- Possibilidade de fortalecimento do orçamento familiar com elevação do valor monetário a ser transferido para as famílias se considerados os programas federais até então implementados.
- Destaque da idéia de parceria enquanto requisito essencial da unificação que preconiza a necessidade de relação orgânica entre os diferentes níveis de governo. Isso significaria a intersetorialidade como condição fundamental para permitir a articulação com programas na área da Educação, Saúde, Assistência Social, Trabalho e outras Políticas Públicas, no sentido de criar condições para a autonomização das famílias atendidas no Programa.
- Fortalecimento da escola com a inclusão de crianças e adolescentes de 7 a 15 anos.
- Fortalecimento do atendimento da atenção básica à saúde dos membros da família, principalmente crianças e gestantes.

Todavia, os integrantes do grupo focal também destacaram alguns aspectos de divergências, discordâncias ou questionamentos em relação à proposta de unificação dos programas de transferência de renda, assim expressas:

- Adoção de uma classificação das famílias em pobres e indigentes com o rebaixamento do nível de renda para inclusão destas no Bolsa Família, sendo, inicialmente, considerados os valores fixos de renda *per capita* familiar de R$ 50,00 e R$ 100,00, respectivamente, para inclusão de famílias extremamente pobres e pobres,[1] quando o valor de inclusão aos programas federais de transferência de renda, até 2002, era fixado num patamar único de meio salário mínimo. O novo critério passa a restringir o número de famílias a serem incluídas no Bolsa Família. As profissionais integrantes do grupo focal expressa-

1. A partir de abril de 2006 os valores passaram a ser R$ 60,00 de renda familiar *per capita* para classificação de famílias extremamente pobres e de R$ 120,00 para famílias pobres.

ram o entendimento de que essa classificação é difícil de ser explicada para as famílias, pois todas vivem em situação muito precária, além de ser um critério baseado apenas na *renda autodeclarada*, variável insuficiente para dimensionar a pobreza. Foi ainda considerado que esse critério termina restringindo a inclusão no Programa quase que exclusivamente a famílias com os membros inseridos no mercado informal de trabalho, por não precisarem comprovar, mas apenas declararem a renda, ficando preteridas famílias com trabalhadores do setor formal, mesmo com baixo salário, por não poder omitir a renda recebida.

- Adoção de valores monetários diferenciados transferidos às famílias, que vai da classificação destas em famílias extremamente pobres com renda familiar *per capita* de até R$ 60,00, com um a três filhos e famílias extremamente pobres sem filhos; famílias consideradas pobres, com renda familiar *per capita* de R$ 60,01 até R$ 120,00, com um a três filhos. No caso específico do Programa Municipal de São Luís, o benefício era inicialmente um salário mínimo, sendo rebaixado para o valor de R$ 100,00 para se aproximar da realidade do Bolsa Família.

Considerando os critérios de renda adotados para inclusão das famílias e os valores diferenciados dos benefícios transferidos, as participantes do grupo focal entenderam que esses aspectos contradizem a idéia de unificação, que, além de unificar programas, deveria unificar critérios de elegibilidade e valores dos benefícios, fazendo com que a unificação ultrapassasse a idéia de junção de programas federais, o que significaria ultrapassar um processo de unificação apenas da gestão.

Em Imperatriz, o Bolsa Família só foi efetivamente implantado em 2005, visto que uma nova administração municipal solicitou ao MDS uma auditoria, por verificar situações que consideraram graves de distorções em relação às famílias beneficiárias, o que demandou, segundo os integrantes do grupo focal, um recadastramento e reorganização do Programa no município. Foi então, em 2005, assinado termo de adesão e indicado o gestor municipal do Programa. Uma providência inicial tomada foi a recomposição do Conselho Municipal do Bolsa Família, com a participação de 4 representantes da administração municipal (Secretária de Educação, de Saúde, de Ação Social e de Projetos Especiais); 3 representantes de instituições da sociedade civil (Conselho Municipal de Direito da Criança e do Adolescente, Diocese de Imperatriz, Associação de Moradores) e 2 representantes dos usuários. O gestor do Programa e a Secretária de Educação encaminharam ofícios aos órgãos em questão, solicitando a indicação formal desses representantes, conforme regulamentado pelo MDS através da Portaria n. 246. Entretanto, os usuários do Programa foram indicados mediante convite, visto que os mesmos estavam contribuindo na campanha de atualização cadastral do município. O Conselho do Bolsa Família passou a reunir-se mensalmente para tratar das questões pertinentes ao Programa no município (monitorar, acompanhar e fiscalizar) e encaminhar a solução de problemas identificados. Foi então providenciada a composição de uma equipe de trabalho, espaço físico e equipamentos para permitir a atualização cadastral de todas as famílias e o melhor desenvolvimento do Programa. Os objetivos eram corrigir as distorções identificadas e desenvolver ações de incentivo ao cumprimento das condicionalidades, contribuindo na divulgação do cumprimento das mesmas e transmissão *on-line* ao sistema da Caixa Econômica Federal e resgatar a credibilidade do Programa.

Quanto ao município de Araioses, os participantes do grupo focal, num primeiro momento, não lembravam ou não sabiam como tinha ocorrido a adesão do município ao Bolsa Família, sendo posteriormente confirmado encaminhamento ao MDS de documento que formalizou o processo de adesão do município ao Programa assinado em meados de 2005.

O processo estabelecido entre o município e o Governo Federal em preparação à adesão baseou-se em comunicação via ofícios e documentos preenchidos e assinados pelo prefeito municipal, confirmando a adesão de Araioses ao Bolsa Família. No termo de adesão, foi indicada a Secretaria Municipal de Assistência Social como gestora do Programa no município. Além do que foi definido um coordenador para o Bolsa Família e o Conselho Municipal de Assistência Social, enquanto instância de controle social responsável pelo acompanhamento da implementação do Programa no município.

Comentando esse processo, um dos participantes do grupo focal de Araioses declarou: "o município foi incorporando numa coisa que foi verticalizada, ela foi do nível nacional para o nível municipal. A idéia da unificação foi nacional e os municípios só fizeram incorporar essa idéia sem discussão prévia".

No Estado do Piauí, o município de Teresina aderiu ao Bolsa Família através do Decreto-Lei n. 5.514, datado de 23 de janeiro de 2003. Adesão esta reafirmada nos anos 2004 e 2005, mediante termo de adesão ao Bolsa Família e ao Cadastro Único de Programas Sociais que foi assinado pelo prefeito em setembro de 2004, comprometendo-se a constituir suporte efetivo ao funcionamento do comitê de controle social do Programa no município. Igualmente, Parnaíba e Acauã passaram a desenvolver o Bolsa Família a partir de assinatura dos respectivos termos de adesão entre as prefeituras e o MDS em setembro de 2005 e julho de 2005, tendo os municípios, neste mesmo ano, através de portaria específica, criado o Conselho Municipal de Assistência Social como Instância de controle social.

Em resumo, a adesão dos municípios ao Bolsa Família nos Estados do Maranhão e Piauí ocorreu, em alguns municípios, com uma interlocução entre as prefeituras e o MDS; em outros, o que ficou destacada foi a formalidade desse processo mediante assinatura do instrumento legal denominado Termo de Adesão. Os termos de adesão foram assinados de 2003 a 2005, de modo que até dezembro de 2005 todos os 217 municípios do Estado do Maranhão e os 225 do Piauí já haviam formalizado sua adesão ao Bolsa Família. Nesses instrumentos são definidos uma Coordenação Estadual do Bolsa Família e coordenações municipais, com respectivas atribuições, sendo exigida a formalização de uma instância local de controle social para desenvolver o acompanhamento do Programa no município, podendo ser uma entidade já existente, de composição paritária e intersetorial, a exemplo do Conselho Municipal de Assistência Social.

3.2.2 Identificação de outros programas de transferências de renda e articulação destes com o Bolsa Família nos municípios

Dos três municípios do Maranhão, São Luís é o único a contar com um programa municipal, instituído e implementado pela prefeitura. Em

São Luís e em Imperatriz foram identificados, além do Bolsa Familiar para a Educação do município de São Luís, os seguintes programas: o Agente Jovem de Desenvolvimento Humano e Social; o Programa de Erradicação do Trabalho Infantil — PETI e o Benefício de Prestação Continuada — BPC, sendo ainda identificado em São Luís o Programa Especial de Trabalho Educativo — PETE, mantido pela Prefeitura.[2] Em Araioses foram identificados o PETI e o BPC enquanto programas de transferência de renda em implementação. A partir de 2006 vem ocorrendo um processo de integração do PETI ao Programa Bolsa Família nos municípios do Maranhão e do Piauí, como vem ocorrendo nos demais municípios brasileiros, conforme determina a Portaria n. 666, de 28 de dezembro de 2005, do MDS.

Importa registrar que nesse momento do debate os participantes do grupo focal, em são Luís, começaram a expressar a necessidade de conhecimento das ações desenvolvidas pelas diferentes secretarias de forma a avançar na articulação das políticas existentes no município, visando a otimizar o atendimento das famílias vulnerabilizadas. "A gente sente muita dificuldade de articulação, falta de diálogo, que tem que ser buscado..." (Participante do Grupo Focal). Ainda em São Luís foram feitas algumas considerações sobre o desenvolvimento de medidas complementares de caráter sócio-educativo a serem disponibilizadas às famílias dos programas de transferência de renda. Foi declarado que estas praticamente não são implementadas em relação ao público atendido pelo Bolsa Família, em razão da falta de estrutura e de pessoal suficiente para atender a essa demanda.

Teresina registrou a existência de um programa municipal financiado com recursos da própria prefeitura, denominado Programa Bolsa-Escola Municipal. Ainda foi identificado o Programa Agente Jovem de Desenvolvimento Humano e Social; o Programa de Erradicação do Trabalho Infantil e o Benefício de Prestação Continuada, também desenvolvidos em Parnaíba.

2. O atendimento do PETE, em março de 2006, era de 125 adolescentes com idade de 16 a 17 anos, vivendo em famílias com renda *per capita* de até meio salário mínimo, sendo a bolsa mensal no valor de 50% do salário mínimo, com pagamento feito através do Banco do Brasil. O Programa é financiado pelo Tesouro Municipal através do Fundo Municipal de Assistência Social. O adolescente passa um ano no Programa, participando de atividades sócio-educativas, de quatro horas diárias, com conteúdo voltado para formação e informação sobre o mundo do trabalho e para o exercício da cidadania.

Em Acauã, as ações assistenciais desenvolvidas no município são viabilizadas, na sua grande maioria, com recursos do Governo Federal. Vale ressaltar que este município se constituiu, a partir do ano 2003, em experiência-piloto do Fome Zero, cujas ações na área de segurança alimentar articularam frentes de desenvolvimento do município nas áreas de educação, saúde e estímulo à criação de unidades produtivas apoiadas com recursos do Programa de Combate à Pobreza Rural — PCPR, financiado pelo Banco Mundial. Na área da transferência direta de renda às famílias pobres, o único Programa existente é o Bolsa Família, que unificou os programas Bolsa-Escola, Bolsa-Alimentação, Cartão-Alimentação e Auxílio-Gás e Programa de Erradicação do Trabalho Infantil.

Foi destacado que, nesse processo, foi desenvolvido esforço no sentido de aprimorar o Cadastro Único das famílias, com a realização de capacitações e a transferência de um valor monetário de R$ 6,00 pelo Governo Federal aos municípios por cadastro-família revalidado. Esse trabalho voltou-se para a atualização dos dados das famílias inscritas no Cadastro Único; complementação dos dados das famílias que recebiam benefícios dos programas remanescentes (Bolsa Escola; Auxílio Gás; Bolsa Alimentação e Cartão Alimentação) e inclusão de novos cadastros no caso dos municípios em que o número de famílias com dados a atualizar e a complementar fosse inferior à estimativa de famílias pobres no município.

Os Estados do Maranhão e do Piauí e seus municípios, após assinatura de Termo de Adesão ao processo de atualização cadastral, ocorrido em 2005 e 2006, receberam recursos do MDS, o que representou uma complementação financeira significativa em relação ao que os municípios recebiam do Governo Federal para o Bolsa Família, permitindo, a partir de então, melhorar o trabalho de gestão do Bolsa Família nos municípios.

3.2.3 Desenvolvimento do processo de migração das famílias atendidas pelo Bolsa Escola, Bolsa Alimentação, Cartão Alimentação, Auxílio Gás para o Bolsa Família

O processo de migração dos quatro programas federais para o Bolsa Família foi, inicialmente, previsto para ocorrer até 31 de dezembro de 2005, sendo estendido para março e depois para dezembro de 2006. Todavia, só em julho de 2007 esse processo se apresentava como praticamente concluído no Maranhão e no Piauí, conforme demonstrado nas tabelas a seguir.

Tabela 1

Programas de Transferência de Renda Remanescentes no Maranhão, referência 6/2008

Programas Remanescentes	Benefícios liberados em São Luís	Benefícios liberados em Imperatriz	Benefícios liberados em Araioses	Maranhão
Bolsa Família	58.635	14.345	6.799	743.431
Bolsa Escola	5	1	0	39
Bolsa Alimentação	2	0	0	1
Auxílio Gás	1.561	341	10	8.651
Cartão Alimentação	0	0	11	440

Fonte: MDS (www.mds.gov.br) acessado em 18/7/2008.

Tabela 2

Programas de Transferência de Renda Remanescentes no Piauí, referência 6/2008

Programas Remanescentes	Benefícios liberados em Teresina	Benefícios liberados em Parnaíba	Benefícios liberados em Acauã	Piauí
Bolsa Família	56.870	13.495	1.022	371.070
Bolsa Escola	4	1	0	21
Bolsa Alimentação	0	0	0	2
Auxílio Gás	1.433	362	10	10.819
Cartão Alimentação	0	0	5	1.181

Fonte: MDS (www.mds.gov.br) acessado em 18/7/2008.

Os dados evidenciam que o processo de migração de quatro programas federais para o Bolsa Família foi praticamente concluído nos seis municípios do estudo nos Estados do Maranhão e Piauí. Somente o Auxílio Gás, por manter um critério de inclusão de renda *per capita* familiar de meio salário mínimo, portanto superior ao critério do Bolsa Família, que é de R$ 120,00, mantém um número significativo de famílias beneficiárias independentemente do Bolsa Família, num total de 8.651 no Estado do Maranhão e de 10.819 no Piauí.

A discussão no grupo focal de São Luís sobre a migração dos programas federais para o Bolsa Família permitiu considerações sobre o Cadastro Único, considerando seu aperfeiçoamento e adequação aos trabalhos das prefeituras por possibilitar que o município cadastre, bloqueie, desbloqueie e exclua[3] famílias do Bolsa Família, com permanente e periódica atualização dos dados das famílias. Ademais, esse instrumento pode, com a utilização do CPF, se articular com outros Sistemas de Informações: Relação Anual de Informações Sociais — RAIS do Ministério do Trabalho, Seguro Desemprego, podendo ainda alcançar outros, como Imposto de Renda e o Número de Identificação do Trabalhador — NIT, utilizado pela Previdência Social, o que certamente permitirá reduzir drasticamente as dualidades e as inclusões indevidas de famílias no Programa.

O critério utilizado para orientar o processo de migração de famílias para o Bolsa Família foi o de maior carência, sendo que as famílias extremamente pobres tiveram um aumento significativo no valor do benefício, o que não ocorreu com as famílias classificadas como pobres. As integrantes do grupo focal de São Luís consideram que, de modo geral, as famílias são satisfeitas com a migração para o Bolsa Família por terem a garantia de não serem penalizadas. Ademais, se registrou, em todos os municípios, um significativo aumento de inclusão de novas famílias no Bolsa Família a partir de 2005.

Com a migração, em Imperatriz, segundo os informantes do grupo focal, um número elevado de famílias teve acréscimo no seu benefício monetário com a implantação do Bolsa Família, mas também um número significativo passou a receber de R$ 15,00 a R$ 30,00 por mês, considerado

3. A Caixa Econômica Federal criou o Sistema de Benefícios ao Cidadão — SIBEC para as ações de consulta aos benefícios e manutenção da situação do benefício, como bloqueio, desbloqueio, exclusão e reversão da exclusão do Programa Bolsa Família e dos programas remanescentes.

valor pequeno para o sacrifício de deslocamento da representante da família para receber o benefício, sendo motivo de insatisfação para aquelas famílias que tiveram seu benefício diminuído. Todavia, foi afirmado que aquelas famílias que realmente necessitam do benefício consideram o Programa muito bom.

Em Araioses, como nos demais municípios, foram seguidas as orientações do MDS para desenvolvimento do processo de migração das famílias para o Bolsa Família. Nesse processo, o cadastro único foi confrontado, em 2005, com a Relação Anual de Informações Sociais — RAIS do Ministério do Trabalho, que segundo o coordenador do Programa no município, foi fundamental para reduzir ou corrigir muitas irregularidades, possibilitando que famílias que não atendiam aos critérios fossem excluídas, dando oportunidade para inclusão de outras famílias que atendessem tais critérios.

No que diz respeito à ocorrência de aumento no valor da bolsa com a migração, os participantes do grupo focal de Araioses expressaram que, comparando os dados de 2004, 2005 e 2006 na sua totalidade, o aumento foi significativo. "As famílias se mostram satisfeitas com o processo de migração; aumentou o poder aquisitivo dessas famílias com o aumento no valor do benefício, contudo, precisamos trabalhar essas famílias visando sua autonomia financeira, não se limitando ao que é repassado pelo Governo Federal" (Participante do Grupo Focal). Foi acrescentado que a migração gerou não só uma expectativa positiva pelas famílias de aumento no valor da bolsa recebida, mas de serem melhor atendidas, principalmente, pelas Políticas de Saúde e Educação. Além disso, destacaram que houve crescimento na inserção das famílias que não tinham documentação, uma vez que documentos de aceitação nacional, como o Título de Eleitor e Cadastro de Pessoa Física — CPF, foram providenciados pelo município. Outro aspecto ressaltado foi a diminuição entre o tempo do cadastro da família e sua inserção no Programa, visto que o Bolsa Família, em 2005, ampliou muito o atendimento, inclusive superando as metas estabelecidas.

Em Teresina, o processo de migração se deu obedecendo aos critérios estabelecidos pela portaria do MDS sobre a unificação dos programas de transferência de renda. Neste aspecto foram registradas dificuldades quanto ao processo de divulgação e informação à população referente às mudanças a serem processadas pela migração e isso causou transtorno no recadastramento. Não houve acordo entre os níveis federal e municipal quanto às estratégias de divulgação, informação e mudanças. Essa situação só foi equacionada após auditoria com a finalidade de averiguar os desvios na concessão do benefício a famílias que não preenchiam os critérios de renda por estarem acima do estabelecido pelo programa. Quanto ao Programa Bolsa Escola mantido com recursos do município, este foi desativado, tendo seus beneficiários remanescentes migrado, gradativamente, para o Programa Federal Bolsa Família. Com o processo de migração, todos os cadastros referentes aos programas remanescentes foram repassados para a Secretaria Municipal do Trabalho, Cidadania e Assistência Social — SEMTCAS, gestora do Bolsa Família em nível municipal. Em 2007, a SEMTCAS assumiu como uma das metas de gestão proceder a descentralização das ações do Bolsa Família da Secretaria Municipal do Trabalho Cidadania e Assistência Social — SEMTCAS para os Centros de Referência de Assistência Social — CRAS, a partir de um processo de informatização de todos os CRAS, de forma a constituir uma rede de informações que qualifique melhor a gestão do programa no município e assegure maior celeridade ao atendimento dos beneficiários.

Em Parnaíba, o processo de migração dos quatro programas de transferência de renda federais para o Bolsa Família vem se desenvolvendo, conforme depoimentos no grupo focal, com muito cuidado, observando as orientações do MDS, com monitoramento do cadastro dos beneficiários, inibindo possíveis fraudes ou dubiedades no acesso aos benefícios, o que tem sido facilitado com o sistema da rede computadorizada, possibilitando o cancelamento de vários benefícios concedidos de forma irregular sem obedecer ao critério da renda mínima para acesso ao benefício.

Em Acauã, o processo de migração procedeu-se através dos critérios estabelecidos pelo MDS conforme objetivos e metas de cada programa, procurando como finalidade primeira assegurar o atendimento das necessidades sociais das famílias mais vulneráveis. Neste município, segundo informações da coordenação local, não houve dificuldades significativas na migração dos programas remanescentes para o Bolsa Família.

Pode-se considerar que a unificação de quatro programas federais em um único programa representa um avanço na Política Social brasileira, historicamente marcada por programas fragmentados e descontínuos, mas que se trata de um processo complexo e de difícil implementação.

3.2.4 Estratégias utilizadas para alcance do público-alvo do Bolsa Família

Nesse aspecto, conforme discorrido no capítulo 2 dessa coletânea, é colocada a questão da focalização dos programas de transferência de renda no seu público-alvo, sendo demonstrado que esses programas e, particularmente, o Bolsa Família, vêm alcançando um poder de focalização em famílias pobres, conforme os critérios de elegibilidade adotados, satisfatório se considerados outros programas sociais direcionados à pobreza no Brasil. Apesar de divulgações pela imprensa nacional sobre situações de desvios, os integrantes do grupo focal em São Luís consideraram que o cruzamento do Cadastro das famílias com o Seguro Desemprego e com a Relação Anual de Informações Sociais/Ministério do Trabalho — RAIS vem permitindo diminuir possíveis desvios no alcance do público-alvo. Por outro lado, foi considerado que modificações no Cadastro Único, que passou a considerar somente famílias com renda *per capita* familiar de até meio salário mínimo, também tem reduzido possibilidades de desvios. Foi registrado que tem havido poucas denúncias em relação a São Luís, identificando-se, no recadastramento, que um número reduzido de famílias beneficiárias apresentou inconsistência. Esse aspecto vem sendo sanado considerando que o que mais gera inconsistência são falhas no preenchimento do cadastro. Foi também registrado nos debates que, mais freqüentemente, situações de denúncia têm se verificado em relação a municípios do interior, onde o favorecimento político a parentes e amigos se faz mais presente. Todavia, muitas denúncias carecem de comprovação e ficam, na sua maioria, em nível de comentários.

A Coordenação Estadual do Bolsa Família no Piauí tem desenvolvido esforços para focalizar seu público-alvo, utilizando como estratégia a capacitação dos gestores e operadores do CADÚNICO localizados nos 223 municípios para corrigir ou inibir irregularidades no processamento do cadastro e na concessão do benefício. Entretanto, apesar desse acompanhamento da coordenação estadual, tem sido registradas denúncias de irregularidades no recebimento do benefício por pessoas que não se enquadram no perfil de renda, através de favorecimento político. Este ato tem sido denunciado junto ao Ministério Público e a Coordenação Gestora de cada município. São práticas que têm sido divulgadas nos jornais locais e nacionais, o que contribui para um maior controle dos órgãos gestores, incluindo o apoio técnico do MDS.

3.2.5 Atividades complementares desenvolvidas e acesso dos membros das famílias beneficiárias à rede de serviços sócio-assistenciais nos municípios

No que se refere à existência e funcionamento de serviços sócio-assistenciais e formas de encaminhamento do público do Bolsa Família, o debate do grupo focal em São Luís destacou que a rede de serviços sócio-assistenciais em todos os municípios do Maranhão, mesmo nos maiores, é insuficiente quantitativa e qualitativamente para atendimento das necessidades básicas das famílias. Por outro lado, o Bolsa Família, possivelmente por ser um Programa de massa, não desenvolveu ainda estratégia de trabalho educativo e ações complementares à transferência monetária destinada diretamente às famílias beneficiárias. Alguns atendimentos e encaminhamentos só ocorrem em casos de demanda individual específica. O entendimento dos integrantes do grupo focal de São Luís foi de que o público do Bolsa Família vem sendo atendido no geral pelas ações do Sistema de Educação; pelo Sistema Único de Saúde, e pelos Centros de Referências de Assistência Social — CRAS que se encontram em implantação nos municípios. O essencial é que esses sistemas tenham condições de atender bem a todas as famílias que deles necessitarem; entre estas está um grande contingente de famílias beneficiárias do Bolsa Família. Nesse sentido, torna-se necessária a expansão e melhor qualificação da rede de atendimento básico em todos os municípios.

Em São Luís foi ainda destacado que, concomitante ao processo de migração, foram solicitados planos para o desenvolvimento de ações complementares em apoio às famílias, devendo ser desenvolvidas pelos CRAS, onde estes estejam em funcionamento. Todavia, o Programa Bolsa Família, praticamente, limita-se à transferência monetária às famílias e ao acompanhamento das condicionalidades, principalmente no que tange à freqüência escolar; à vacinação de crianças e ao pré-natal de mulheres gestantes, o que ainda ocorre com limites, principalmente as condicionalidades no campo da saúde. No momento da inclusão de novos cadastros, em São Luís, é solicitada ao público-alvo a cópia do Cartão de Vacinação das crianças, com o intuito de incentivar o referido processo. Segundo as integrantes do grupo focal, as prefeituras não têm recursos, estrutura e nem pessoal para desenvolver ações sócio-educativas, havendo, porém, perspectivas nesse sentido a partir da transferência de recursos pelo o MDS aos municípios com a criação do IGD, anteriormente considerado.

Nesse aspecto, foi destacado que os municípios, em geral, principalmente os menores, não dispõem de uma rede de serviços sociais básicos, mesmo no campo das condicionalidades indicadas pelo Bolsa Família, quantitativa e qualitativamente suficiente para atender à demanda da população em geral nem a expansão do Bolsa Família. Isto é, a expansão do Programa não vem ocorrendo com a necessária expansão da rede de serviços para atender às próprias condicionalidades indicadas.

Em Imperatriz foi declarado nos debates do grupo focal que, como na grande maioria dos municípios brasileiros, a rede de serviços sociais do município para atendimento das famílias é muito restrita para atender a demanda e necessidades da população. Fazem alguns encaminhamentos principalmente para escolas e creches e para que os membros das famílias tirem documentos pessoais. Consideraram que o Programa Saúde da Família, as campanhas de vacinação e o trabalho dos Agentes Comunitários de Saúde propiciam condições favoráveis para o atendimento básico da saúde das famílias. Todavia, não foi registrado o desenvolvimento de articulações sistemáticas do Bolsa Família com a rede de serviços sócio-assistenciais e outros programas locais, cabendo destaque a articulações com Associações de Moradores e outras entidades no sentido do recebimento de encaminhamentos de famílias para cadastramento ao Programa e de eventuais encaminhamentos de membros das famílias beneficiárias para atendimentos. Também foi indicado que não são realizadas ações complementares e encaminhamentos para outros programas, de modo sistemático, de pessoas das famílias beneficiárias, o que reconhecem revelar um limite para criação de condições efetivas de autonomização dessas famílias, conforme preconizado pelo Programa. Vem sendo, contudo, considerada a possibilidade de as famílias beneficiárias em situação de extrema pobreza ser incluídas em ações municipais, principalmente nos CRAS que vem atuando em Imperatriz em encaminhamentos e atividades de geração de renda; palestras sócio-educativas; visitas domiciliares para acompanhamento das condicionalidades do Bolsa Família. Todavia, a estrutura montada para o Bolsa Família em Imperatriz, através da Secretaria de Educação, tem oportunizado o cumprimento das condicionalidades na área de saúde e de educação, sendo as mesmas trabalhadas em conjunto com a ação social.

Em Araioses, o debate do grupo focal sobre o desenvolvimento de ações complementares direcionadas às famílias beneficiárias do Bolsa Família mereceu grande destaque. Nesse sentido, foi declarado que, no que se refere às ações sócio-assistenciais na área da Saúde, segundo o assessor da Secretaria Municipal de Saúde, toda a população está assistida com os serviços assistenciais de saúde (médica e de enfermagem). O município tem 15 equipes do Programa Saúde da Família — PSF implantadas e está pleiteando mais uma equipe, embora o teto sejam 15, sob a justificativa da grande dispersão geográfica de Araioses que contém um complexo de 18 ilhas. Por esse motivo, embora seja disponibilizado o serviço de saúde para todas as pessoas do município, algumas têm dificuldade para se deslocar até à Unidade de Saúde em decorrência das ilhas. Nesse sentido, porém, é ressaltado que, embora tenha uma cobertura de 100% do PSF, essa ainda é uma assistência quantitativa: "não estamos conseguindo ter qualidade na assistência à saúde e esse é o objetivo que tentamos atingir" (Participante do Grupo Focal).

Ainda em relação à saúde, assessor dessa área, integrante do grupo focal, acrescentou que o município garante assistência médica e de enfermagem a toda a população e em todos os ciclos da vida: crianças, adolescentes, jovens, adultos, idosos, embora não identificando, dentre essas, as famílias beneficiárias do Bolsa Família. Entretanto, ressalva que isso não acontece ainda com o atendimento odontológico, pois necessitam de 15 equipes de saúde bucal e têm apenas dois odontólogos fazendo a odontologia sanitária, garantindo uma assistência mais curativa que preventiva.

Com relação aos recursos humanos da saúde existentes em Araioses, os participantes do grupo focal informaram que são: 15 médicos, 15 enfermeiros e 15 auxiliares de enfermagem distribuídos em equipes no município, sendo 3 equipes na zona urbana e 12 na zona rural, trabalhando 18 horas semanais, distribuídas em 3 dias da semana. Além das equipes, o município conta com 1 laboratório público para os exames de rotina e 2 hospitais, sendo um municipal e outro regional que atende, além da população de Araioses, a população de municípios circunvizinhos.

O município encontra-se na gestão básica do sistema de saúde, mas já tem pretensão de pleitear a gestão plena dada à dimensão das ações nessa área, pela melhoria de índices na saúde e por já atender a grande parte dos critérios definidos para essa modalidade de gestão.

Na área da educação, de acordo com a Secretária Municipal de Educação de Araioses, a compreensão é de que o atendimento das famílias do Bolsa Família é feito de forma satisfatória, porque a rede escolar está em todos os povoados distribuída em 82 escolas, e destas, apenas 9 estão na zona urbana: "As crianças e adolescentes estão tendo acesso à escola, são motivados a permanecer na escola e trabalhados para evoluírem na escola em termos de rendimento" (Participante do Grupo Focal). Nesse sentido, a Secretaria de Educação, visando dinamizar o atendimento nas escolas, dividiu o município em 8 pólos para viabilizar o trabalho das visitas pelas 5 pedagogas e uma professora formada em Letras.

A Secretária Municipal de Educação, presente ao debate, reconheceu que, embora se tenha tido um acréscimo de 2.000 para 2.500 alunos, a expectativa é que a cada ano se tenha condições de incluir mais crianças e adolescentes em idade escolar e mais adultos no sistema educacional para que o município cresça em qualidade no atendimento à educação.

A secretária municipal de saúde e o assessor de saúde assinalaram, no grupo focal, que o atendimento das famílias beneficiárias do Bolsa Família ocorre no âmbito do atendimento da população em geral. Acrescentaram, ainda, que os programas sociais e o Bolsa Família em particular influenciaram o aumento de matrícula nas escolas, ou por medo de a família perder o cartão ou pelo motivo de buscar melhoria futura de vida, declarando: "Essa vinculação do Bolsa Família à educação é importante, pois impulsionou a elevação do nível de escolaridade. Comparando dados de 2005 com 2004, identificou-se uma melhoria substancial em termos de redução da evasão e repetência escolar" (Participante do Grupo Focal).

O cartão magnético que a família utiliza para sacar a bolsa é visto pelos participantes do grupo focal como sinal de cidadania, de autonomia, não só pelo valor do recurso que é recebido pela família, mas pela valorização da pessoa. E isso tem um significado muito grande para a mulher que geralmente é representante da família no Cadastro Único, e no Bolsa Família: "as mães sentiram a necessidade de ir para escola com sua participação no Programa" (Participante do Grupo Focal).

Na Assistência Social, em Araioses, segundo o debate desenvolvido no grupo focal, as famílias participantes do Bolsa Família são encaminhadas para os serviços, programas e projetos específicos implementados, principalmente pelos CRAS, sendo destacados:

- O Programa Aconchego, com parceria da Pastoral da Criança, atende 50 mães que têm filhos desnutridos, desenvolvendo palestras e preparo de alimentação enriquecida;
- Projeto Nunca é Tarde Para Vencer — financiado com recursos da Petrobrás e do Fome Zero — atende, com diferentes modalidades esportivas, a 150 crianças e adolescentes de 7 a 17 anos, prioritaria-

mente aqueles com história de evasão escolar. O Projeto dá prioridade às crianças e adolescentes oriundos de famílias beneficiárias do Bolsa Família e por isso é considerada pelos técnicos como ação complementar ao Bolsa Família;

- Atendimentos nos serviços oferecidos pelo CRAS.

Considerando o Estado do Piauí, em Teresina, no debate do grupo focal, foram registradas informações sobre experiências pontuais na articulação do Bolsa Família com as políticas públicas básicas a exemplo da Saúde e da Educação. A este respeito são realizadas reuniões com os profissionais dessas áreas para buscar uma forma de articulação que favoreça o acesso das famílias aos outros serviços sociais básicos, porém, segundo a comissão gestora do Programa, ainda não se obteve o avanço necessário que pudesse potencializar as necessidades e direitos das famílias beneficiárias. Registraram-se apenas algumas iniciativas no campo da articulação com o Programa Saúde da Família. Nesse sentido, apontam a necessidade de construção de estratégias, posto que as políticas públicas, na visão dos profissionais, são trabalhadas ainda de forma centralizada, sem uma perspectiva de intersetorialidade. Os profissionais do grupo focal de Teresina se posicionaram ainda a respeito da necessidade de um maior investimento do poder público na ampliação de políticas e programas que possam favorecer o acesso das famílias aos direitos sociais básicos. Os profissionais que assumem os CRAS, espaço onde ocorrem as ações sócio-educativas do Bolsa Família, têm enfrentado dificuldades para viabilizar um calendário sistemático de atividades. Alegaram problemas de estrutura física, recursos humanos para a área operacional, além de outros relacionados com a mobilização das famílias para participação nas ações programadas. Ainda foi mencionado o caráter precário da contratação dos profissionais para atuar nestes Centros de Referência, como também o nível da remuneração, considerado ainda insatisfatório diante da sobrecarga de trabalho e da insegurança dos termos contratuais.

Em Parnaíba, também foi registrada ausência de uma articulação entre as áreas básicas que compõem o comitê gestor local do Bolsa Família, não tendo se viabilizado ainda como pólo articulador das ações do Bolsa Família no município de forma a favorecer a intersetorialidade entre as áreas da Assistência Social, Educação e Saúde e destas com outros serviços básicos. A Coordenação do Bolsa Família tem buscado estabelecer uma relação com as secretarias municipais de Educação e Saúde no que se refere à observância das condicionalidades do Programa no município.

Em Acauã, o debate no grupo focal apontou que as famílias beneficiárias do Bolsa Família no município têm amplo acesso, principalmente, aos serviços de Saúde e Educação. Têm acesso ao acompanhamento freqüente (em especial às gestantes e crianças de 0 a 6 anos de idade), feito pelos Agentes Comunitários de Saúde em cada domicílio. Têm também acesso a todo tipo de medicação receitada pelos médicos do hospital, isto é, os remédios são gratuitos, e disponibilizados por esta Unidade de Saúde, uma vez que não existia na cidade, até o desenvolvimento da pesquisa, farmácia em funcionamento. Em relação à Educação, os depoimentos apontaram que todas as pessoas são assistidas no seu direito, através principalmente dos projetos de alfabetização, ação realizada pela Secretaria de Educação do Estado em parceria com a Secretaria Municipal de Educação e através de iniciativas da sociedade civil. Esta ação tem sido intensificada, devido ao baixo índice de escolarização constatado no município.

3.2.6 Como vêm sendo trabalhadas as condicionalidades indicadas pelo Bolsa Família

Há que se destacar que a transferência monetária concedida no âmbito do Bolsa Família, conforme sua própria proposta, deve ser associada ao desenvolvimento de outras ações como alfabetização; capacitação profissional; apoio à agricultura familiar; geração de ocupação e renda e micro-crédito; acesso à educação e a serviços de saúde para os filhos e para mulheres gestantes. É atribuída relevância ao que, no desenho do Programa, são denominadas de condicionalidades a serem cumpridas pelas famílias beneficiárias. Nesse sentido, destacam-se: a manutenção de filhos em idade escolar na escola; freqüência regular de crianças de 0 a 6 anos de idade aos postos de saúde, com a manutenção do cartão de vacinas atualizado; freqüência de gestantes aos exames de rotina; retorno de adultos analfabetos à escola, além da participação de todas as famílias em ações de educação alimentar quando oferecidas pelo governo.

De modo geral, em todos os municípios, os beneficiários do Bolsa Família têm conhecimento das condicionalidades, quer através das divulgações nacionais feitas pelo governo federal/MDS, quer através de informações prestadas no ato do cadastramento das famílias e, principalmente, pela circulação de informações pela rede informal entre vizinhança, amigos e familiares. Estas são acompanhadas por cada município conforme regulamentação do MDS, sendo estimulada a observância mediante a criação de dois índices que integram o IGD: Índice de Condicionalidade de Educação e Índice de Condicionalidade de Saúde. O IGD foi instituído enquanto mecanismo de medição do desempenho de cada município em relação ao Programa Bolsa Família, constituindo-se num indicador de avaliação dos cadastros válidos, da atualização cadastral e do registro e acompanhamento das condicionalidades da Educação e da Saúde do Bolsa Família nos municípios.

O grupo focal de São Luís destacou a obrigatoriedade de o município informar ao Governo Federal sobre a freqüência escolar e sobre o atendimento à saúde. A fim de verificar a real presença das crianças na Escola, a Superintendência do Programa Municipal Bolsa Familiar para a Educação, renominado de Bolsa Parceria, vem procurando atualizar o sistema de matrícula de todas as crianças e adolescentes, destacando o Bolsa Família. No que se refere à educação, os municípios devem enviar informações trimestrais para o Ministério de Educação sobre a freqüência escolar mínima de 85% da carga horária escolar mensal, em estabelecimento de ensino regular, de crianças e adolescentes de 06 a 15 anos de idade. Quanto à Saúde, é utilizado o Sistema de Vigilância Alimentar e Nutricional — SISVAN que produz, mensalmente, informações nutricionais e de vacinação, mas essas informações são gerais em relação à população sem especificação das famílias atendidas pelos programas de transferência de renda. Nesse aspecto, foi sugerido inserir a saúde bucal como uma condicionalidade do Bolsa Família.

No caso de não cumprimento das condicionalidades, o grupo focal de São Luís informou que, concretamente, o que vem ocorrendo é, sobretudo, a orientação das famílias, sensibilização e motivação, principalmente, mediante uma rede natural de informação que se desenvolve na sociedade, impulsionada pelas campanhas e divulgação do Bolsa Família.

No cumprimento da condicionalidade de freqüência de 85% à escola de crianças e adolescentes de 06 a 15 anos, o debate do grupo focal de Imperatriz apontou uma dificuldade notória para seu pleno cumprimento. No município existem em torno de 200 escolas (estaduais, municipais, municipalizadas, particulares, creches), mas existiam 710 registradas no sistema da Caixa Econômica Federal de freqüência escolar, com códigos do INEP distintos cadastrados ainda na gestão municipal do período 2001 a 2004. Em relação à saúde, o acompanhamento é feito mediante relatório semestral através do SISVAN, encaminhado *on-line* ao Ministério da Saúde com identificação das famílias atendidas pelo Bolsa Família.

Foi reafirmado em Imperatriz que as condicionalidades do Bolsa Família são tratadas mais numa perspectiva educativa, de orientação e informação, do que punitiva, de modo que o Programa local não tem procedido a suspensões nem cortes das famílias do Bolsa Família por não cumprimento das condicionalidades.

Em Araioses, os representantes da saúde no grupo focal informaram que estão trabalhando a questão da desnutrição infantil através do SISVAN que se baseia no acompanhamento e monitoramento da desnutrição infantil e acompanhamento de gestantes. Destacaram que as informações que alimentam o sistema são de pessoas da população de um modo geral sem distinção daquelas que participam do Bolsa Família. Como comentado anteriormente, falta a identificação, por parte da Secretaria de Saúde, de quem são os beneficiários do Bolsa Família que devem ser acompanhados no que diz respeito às condicionalidades exigidas pelo Programa: vacinação e pré-natal.

Na educação, em Araioses, foi colocado que a freqüência escolar é informada para o Ministério da Educação bimestralmente. Todavia, foi destacado que não há notícias que benefícios foram suspensos por causa da não freqüência escolar.

No desenvolvimento de um processo de aperfeiçoamento do acompanhamento das condicionalidades do Bolsa Família, o Ministério da Educação criou o projeto Presença e um banco de dados com cartão com código da escola, NIS e INEP da criança o que vai possibilitar o acompanhamento das matrículas e da freqüência de todas as crianças na rede pública de educação escolar. Trata-se, contudo, de um sistema em experimentação. Araioses será um município-piloto para testar o novo acompanhamento através do cartão/catraca, uma máquina que funcionará com corrente elétrica e bateria nas localidades sem energia.

Na Assistência Social, as condicionalidades em Araioses são trabalhadas numa perspectiva educativa de orientar as famílias em acessar os serviços de saúde e educação, prioritariamente crianças e gestantes no caso da saúde e principalmente as crianças de 6 a 15 anos no caso da educação, mostrando-lhes sua importância para melhoria da qualidade de vida e não como uma mera condição para permanência no Programa.

Os depoimentos de integrantes do grupo focal em São Luís indicaram que os aspectos que vêm merecendo certo acompanhamento e controle são a questão da freqüência das crianças às escolas e alguns outros no campo da saúde, como vacinação e pré-natal. A maior preocupação é atribuída à freqüência à escola, até por causa da campanha de cobrança desenvolvida pela imprensa nacional. Todavia, foi registrado que os municípios têm dificuldades em prestar as informações necessárias, embora possam ser punidos se não garantir a escola e se não informar sobre a freqüência dos alunos. Há, porém que considerar que esse aspecto vem melhorando devido a cobranças e ao apoio do MDS e do Ministério de Educação e Cultura também pressionadas pela imprensa nacional. Foi importante o registro de que as condicionalidades vêm sendo tratadas no âmbito da implementação do Bolsa Família mais no seu sentido educativo, de orientação e apoio, do que no sentido punitivo de retirar famílias do Programa. As integrantes do grupo focal de São Luís entenderam ainda que "tem hora que é preciso exigir das famílias o cumprimento dessas condicionalidades que as beneficiam". Foi também destacado que a freqüência escolar vem sendo considerada sem preocupação com o desempenho do aluno e com a elevação do padrão de qualidade do ensino. Um aspecto importante declarado no debate foi que as famílias já têm clareza a respeito das condicionalidades, principalmente no que se refere à escola e à vacinação, sobretudo devido às campanhas de divulgação, pois como verificado anteriormente, não vem se desenvolvendo um trabalho sócio-educativo sistemático com as famílias. As integrantes do grupo focal foram enfáticas no sentido de considerar que os programas de transferência de renda e, particularmente, o Bolsa Família, estão contribuindo para mudanças de cultura na sociedade principalmente no que se refere à educação das crianças; à necessidade de eliminar o trabalho infantil e na busca pelo atendimento básico à saúde, isso tanto no meio urbano quanto rural. Nesse sentido, foi destacado o PETI, com as atividades sócio-educativas de convivência, devendo ser um modelo a ser seguido.

Em Teresina foi afirmado que o tratamento das condicionalidades estabelecidas pelo Bolsa Família envolve ações para além do controle de freqüência das famílias nas atividades dos seus filhos na escola e do monitoramento do cartão de saúde das crianças o que tem significado a ampliação dos serviços na rede pública de saúde e de vagas nas escolas públicas municipais.

Em Parnaíba, a coordenação do Bolsa Família tem estabelecido uma aproximação com a área da educação no tocante ao controle das crianças na escola. O acompanhamento é feito pela freqüência escolar, mediante controle digitado *on-line* e através de visitas às famílias para orientar quanto à importância de estimularem a freqüência da criança à escola.

Os depoimentos do grupo focal de Acauã indicaram que as famílias são constantemente informadas sobre os critérios do Programa e sobre as condições de acessibilidade ao benefício. Há um acompanhamento sistemático realizado pela Secretaria Municipal de Assistência Social em parceria com as Secretarias de Educação e de Saúde. Na Educação, o acompanhamento é feito através da freqüência e do rendimento escolar e na área da Saúde, mediante uma ficha de acompanhamento domiciliar e hospitalar, principalmente a gestantes e crianças de 0 a 6 anos de idade desenvolvida pelo SISVAN.

3.2.7 Aplicação da transferência monetária pelas famílias

Quanto à possível aplicação da renda monetária recebida pelas famílias, as informações levantadas no grupo focal de São Luís reafirmaram indicações de estudos anteriores já realizados sobre impactos dos programas de transferência de renda, ressaltando: alimentação; vestuário; medicamento; material escolar; móveis e utensílios e reforma da casa. Foi também indicada compra de instrumentos de trabalho para geração de renda, sendo consenso o entendimento de que é importante para as famílias terem liberdade na aplicação dos recursos, posto que têm demonstrado saber definir muito bem suas reais necessidades.

Também em Imperatriz, segundo os participantes do grupo focal, as famílias têm toda liberdade na aplicação do dinheiro recebido, destacando o uso em alimentação, material escolar, pagamento de contas e outras despesas importantes para as famílias.

Em Araioses, os participantes do grupo focal citaram como principais itens de aplicação da transferência monetária recebida pelas famílias beneficiárias do Bolsa Família: alimentação, remédios, material escolar, calçados, fardamento escolar e pagamento de prestações de móveis e eletrodomésticos adquiridos.

Os beneficiários do Bolsa Família nos três municípios do Piauí seguem a mesma tendência na aplicação dos recursos recebidos, com destaque mais para a alimentação, pagamento de contas domésticas e despesas escolares.

3.2.8 Autonomização e desligamento das famílias

Considerando a realidade dos municípios do Maranhão, a limitada articulação do Bolsa Família com o desenvolvimento de ações complementares, como indicado anteriormente; a insuficiência quantitativa e qualitativa de serviços sociais disponíveis nos municípios e o próprio perfil das famílias atendidas pelo Bolsa Família,[4] o entendimento é de que essa situação limita a possibilidade de autonomização das famílias beneficiárias desse Programa. Como visto anteriormente, não são, praticamente, desenvolvidas ações direcionadas, especificamente, para esse público. Os cursos de qualificação profissional, de alfabetização e outras atividades são limitados e oferecidos no geral e as famílias do Bolsa Família são quem os buscam. Assim, há uma oferta geral que ainda é muito limitada e a inserção se dá por iniciativa individual. Nas cidades do interior essa situação é ainda mais limitada pelas poucas oportunidades oferecidas mesmo no geral. Portanto, apesar de o desenho do Bolsa Família destacar a inserção de pessoas adultas da família em atividades de formação profissional e de trabalho, os depoimentos indicaram que é pouca a oferta de possibilidades nesse sentido. A Indicação é de que não vem ocorrendo, satisfatoriamente, expansão nem democratização dos serviços sociais básicos enquanto necessidade complementar demandada pela expansão do Bolsa Família. Os membros do grupo focal manifestaram que deveria haver um trabalho mais intenso e sistemático no sentido de propiciar a participação dos adultos das famílias do Programa em atividades de qualificação profissional e de geração de emprego e renda, o que evidencia o entendimento que é pela via do trabalho que essas famílias podem alcançar sua autonomização.

A autonomização coloca na agenda do debate a questão do desligamento das famílias do Programa. Há um reconhecimento geral de que o Bolsa Família avançou muito, nesse aspecto, em relação aos primeiros programas municipais, estaduais e até federais,[5] visto que fixa um tempo relativamente longo para permanência das famílias no Programa, tendo como limite a idade de 16 anos, com possibilidade de ampliação para 17 anos em 2008,

4. Essas famílias vivenciam, na sua maioria, um processo de pobreza estrutural persistente, têm pouca qualificação, portanto pouca oportunidade de inserção no mercado de trabalho, a não ser em condições precárias.

5. Os programas municipais e estaduais, na sua maioria, fixavam como tempo de permanência das famílias nesses programas o prazo de um ano, com possibilidade de renovação por mais um ano. O programa federal Cartão Alimentação chegava a fixar seis meses, com possibilidade de renovação pelo mesmo período.

para os filhos ou dependentes, todavia não há uma indicação de possíveis apoios a serem oferecidos às famílias após seu desligamento.

Em Teresina, a autonomização das famílias, conforme o debate no grupo focal, é trabalhada de forma que a capacitação profissional seja aspecto fundamental e obrigatório para proporcionar, a médio ou a longo prazo, a independência das famílias do benefício. A esse respeito têm sido realizados, no âmbito dos CRAS, cursos de iniciação e aperfeiçoamento profissional e também têm sido registradas algumas iniciativas de realização de cursos de Inclusão Produtiva. Após os cursos e dependendo do interesse manifestado, algumas famílias têm sido encaminhadas ao Banco Popular de Teresina para fins de obter financiamento para pequenos negócios, dentro da linha de incentivo ao microcrédito. A expectativa das famílias a esse respeito, no entanto, apresenta baixo atendimento, necessitando de maior investimento na capacitação profissional. Importa ressaltar que as formas de inclusão produtiva, via microcrédito ou cursos de iniciação profissional, ainda não têm garantido, em curto prazo, condições de autonomização das famílias, pois os qualificados se deparam com as limitações do mercado de trabalho. Outro aspecto identificado pela pesquisa no município de Teresina diz respeito ao registro de desligamentos voluntários de algumas famílias que acessaram melhores condições socioeconômicas. Os casos registrados se referem às famílias cujos chefes foram absorvidos pelo mercado formal de trabalho, com acesso a melhores condições de salário. Embora seja um índice muito pequeno, é importante registrar este nível de consciência demonstrado pelas famílias ao liberarem para outros o acesso ao benefício.

Em Parnaíba, a coordenadora do Bolsa Família informou que os CRAS fazem o trabalho de capacitação, mas não focalizam particularmente nas famílias beneficiárias do Bolsa Família, priorizando outras famílias pobres. Na sua opinião, o Bolsa Família é um programa que visa apenas a subsistência, não gerando o ciclo de autonomia. E, pelo fato de o comitê de controle social ser ausente, não há a inserção das famílias em outros programas. Ficam patentes nessa fala problemas na gestão local e na concepção geral do Programa que não tem conseguido, em curto ou em médio prazo, estabelecer condições para o acesso das famílias a condições de autonomização frente ao benefício, predominando uma situação de dependência efetiva das famílias a esta fonte de renda.

Em Acauã, as famílias vêm sendo orientadas, pelas Assistentes Sociais, quanto à importância de construírem, em médio prazo, sua autonomia frente ao Programa. Para tanto, têm incentivado a participação das famílias nos cursos de iniciação e capacitação profissional. Também foi destacado no debate do grupo focal que nos encontros/reuniões com as famílias é ressaltada a importância da participação destas nas iniciativas de geração de renda viabilizadas no município através da ação de outras instituições parceiras, a exemplo do Fome Zero e do Programa de Combate à Pobreza Rural. Vários cursos já foram realizados no município: curso de cabeleireiro, maquiagem, festival de tortas, manicure, *biscuit*, arranjos ornamentais, confecções de flores, bijuterias, corte e costura, chocolate caseiro e culinária. Esses cursos são oferecidos na área urbana do município, iniciando-se esse processo também na zona rural. Devido às dificuldades de transporte e de vias de acesso a essas localidades, as ações nesta área se dão de maneira esporádica, deixando de beneficiar número considerável de famílias que ali residem, ademais, a realização desses cursos não é garantia de inserção no mercado formal ou informal de trabalho.

3.2.9 Articulação do Bolsa Família com sujeitos sociais locais

Em relação à articulação do Bolsa Família com sujeitos sociais, foram indicados no debate dos grupos focais como sujeitos sociais locais privilegiados nessa relação os conselhos e órgãos da Assistência Social; os Conselhos Tutelares; o comércio local, junto ao qual as famílias passam a ter crédito. Foi registrado que nos municípios do interior, principalmente onde não há rede bancária, ocorre o uso indevido de apropriação dos cartões bancários magnéticos das famílias pelos comerciantes. Estes passam, então, a ter informação sobre as senhas e vão à rede bancária de cidades vizinhas receber o benefício para quitar o débito que as famílias têm no seu comércio. Nesse sentido, foi destacada como sugestão a necessidade de interiorização da rede bancária e um trabalho educativo e de orientação para que as famílias mantenham o seu cartão magnético sob sua responsabilidade.

Foi ainda destacada a criação, em 2005, da Rede Pública de Fiscalização do Programa integrada pelos Ministérios Públicos da União e dos Estados; Tribunal de Contas da União e Controladoria Geral da União, responsáveis por receber e encaminhar denúncias sobre o Programa e pela implementação das Instâncias de Controle Social que devem acompanhar as atividades desenvolvidas em nível local. Nesse âmbito, foi enfatizada a importância dos Conselhos Municipais de Assistência Social que, na maioria dos municípios, funcionam como responsáveis pelo controle social do Bolsa Família.

Em Imperatriz foi considerado que a relação do Bolsa Família com sujeitos sociais locais não é permanente nem sistemática, sendo destacada maior relação com o Conselho Municipal da Criança e do Adolescente e o Conselho Municipal de Saúde que mantêm um envolvimento com o Bolsa Família no apoio e no desenvolvimento de algumas ações. Foram ainda destacadas relações esporádicas com empresários locais, que patrocinam alguma atividade e buscam a indicação de famílias pobres para ajudarem no Natal; com Associações de Moradores e algumas Organizações Não-Governamentais, mas no encaminhamento de pessoas para atendimento no Programa.

Merece atenção o pouco envolvimento da Secretaria Municipal de Desenvolvimento Social e do Conselho Municipal de Assistência Social nas atividades do Bolsa Família em Imperatriz, inclusive apenas representantes do PETI participaram do desenvolvimento do grupo focal. Esse aspecto nos chamou a atenção porque na grande maioria dos Estados e municípios o Bolsa Família se situa nos órgãos estaduais e municipais responsáveis pela Política de Assistência Social.

Os participantes do grupo focal em Araioses destacaram as relações do Bolsa Família com o Conselho Municipal de Assistência Social, instância de controle social do Bolsa Família no município, encaminhando famílias para cadastramento e identificando famílias incluídas que não atendem aos critérios; com os Agentes Comunitários de Saúde, que contribuem no processo de revisão e cadastramento das famílias, na identificação de possíveis beneficiários e na divulgação sobre o Programa nas visitas domiciliares; o Sindicato de Trabalhadores Rurais, que facilita o contato com as famílias que buscam o benefício, também contribui para divulgação do Bolsa Família.

Em Teresina, muito embora seja o Conselho de Assistência Social responsável para exercer o controle social do Bolsa Família, não foi verificada a sua efetivação nesta direção. A pesquisa evidenciou que o Bolsa Família não se faz presente na pauta de discussão do Conselho, o que expressa a pouca articulação com os órgãos da sociedade civil para o exercício do controle social. Por outro lado, o Programa é acompanhado pelas secretarias municipais de Educação e Saúde no tocante à implementação das condicionalidades. O Bolsa Família é coordenado pela Secretaria Municipal do Trabalho, Assistência Social e Cidadania — SEMTCAS que, através dos Centros de Referências de Assistência Social — CRAS, realiza ações sócio-educativas; o cadastramento das famílias beneficiárias e estabelece relação de parceria com o Banco Popular no encaminhamento de famílias para o acesso ao microcrédito na perspectiva da inclusão social produtiva.

Em Parnaíba, foi destacado que somente os assistentes sociais se manifestam e buscam articulação com as outras áreas de trabalho, sendo destacada a atuação do Conselho Tutelar, para onde são encaminhadas as famílias que têm necessidade de atendimento. Às vezes são também estabelecidas relações do Bolsa Família com os cinco CRAS instalados no município, os quais desenvolvem o Programa Sentinela, que atua no atendimento a crianças e adolescentes vítimas de violência.

Em Acauã, o Bolsa Família é acompanhado pela Secretaria Municipal de Assistência Social, desenvolvendo parcerias ainda muito limitadas com as Secretarias da Educação e da Saúde, por intermédio de professores e coordenadores pedagógicos, de agentes comunitários de saúde e enfermeiras. Há, também, articulação com associação de moradores e com o Conselho Municipal de Assistência Social. Localizamos também como sujeitos sociais locais o Comitê de Segurança Alimentar vinculado à Coordenação do Fome Zero, e núcleos de ação do Programa de Combate à Pobreza Rural e o Sindicato dos Trabalhadores Rurais que também são sujeitos locais que mantêm articulação com o Bolsa Família.

3.2.10 Identificação de fatores facilitadores e obstáculos na implantação e na implementação do Bolsa Família nos municípios

Entre os aspectos *facilitadores* considerados positivos destacados pelos grupos focais dos seis municípios dos Estados do Maranhão e do Piauí,[6] mereceram destaque:

- Ampla cobertura de famílias pobres alcançadas pelo Bolsa Família;
- Acesso das famílias à rede bancária, mediante um cartão bancário magnético;
- Fortalecimento da figura da mulher na família, com o direcionamento do Programa para a mulher;
- Fortalecimento do orçamento familiar;
- Liberdade das famílias na aplicação dos recursos recebidos;
- Uso que as famílias fazem dos recursos recebidos;
- Adoção da família como unidade de atendimento, superando a visão segmentada e isolada dos membros da família;
- Unificação como mecanismo de superação da fragmentação e superposição de programas sociais;
- Gestão municipal (descentralização do Programa);
- Transferência direta do benefício monetário às famílias, diminuindo as possibilidades do clientelismo, principalmente nas pequenas cidades;
- Indicação da integração da transferência monetária com serviços sócio- assistenciais, potencializando a intersetorialidade e a autonomização das famílias;
- Importância do Cadastro Único para permitir a focalização e eliminar a duplicidade se articulado a outros sistemas de informação, com a base de dados utilizada pelas prefeituras;

---

6. Optamos por considerar os aspectos facilitadores, obstáculos e sugestões no geral, considerando a manifestação dos seis municípios integrantes da amostra intencional nos Estados do Maranhão e Piauí por entender que essas indicações são todas direcionadas ao Bolsa Família, embora cada município tenha apresentado indicações, uns mais e outros menos sobre esses aspectos.

- Sensível mudança na cultura da sociedade e, particularmente, das famílias beneficiárias, sobre a necessidade de combate ao trabalho infantil e a importância da educação para crianças e adolescentes;
- Aceitação e interesse das famílias em relação à migração dos programas federais para o Bolsa Família;
- Determinação da Prefeitura em oferecer as condições de trabalho, espaço físico, equipamentos e pessoal para garantir condições de funcionamento adequado ao Programa;
- Surgimento de voluntários no momento de maior trabalho para garantir a elaboração do cadastro itinerante nas comunidades de residência das famílias;
- Repasse de recursos pelo MDS por cadastro revalidado e posterior criação do IGD;
- Disponibilização do cadastro em rede permitindo sua atualização e imediata aceitação das alterações, garantindo o não atraso no pagamento do benefício às famílias;
- Sensibilidade e compromisso da equipe local do Cadastro Único no trato com o público;
- Capacitação realizada para os operadores do sistema de informação;
- Informatização das informações, pelo MDS, que chegam de forma rápida nos municípios;
- Parceria de trabalho com os agentes comunitários de saúde, professores, assistentes sociais, contribuindo para o Programa chegar mais rápido na família;
- Aperfeiçoamento da versão do Cadúnico, que vem gradativamente reduzindo problemas e facilitando o trabalho de cadastro das famílias;
- Apoio financeiro da Prefeitura para realização do trabalho de campo para revisão cadastral;
- Parceria entre os setores da Prefeitura para cadastramento das famílias;

- Adesão do município ao Bolsa Família, com condições que viabilizaram a implantação do Programa no município;
- Acompanhamento das ações desenvolvidas junto às famílias beneficiárias.

Entre os aspectos considerados *obstáculos*, portanto negativos no processo de implantação do Bolsa Família, foram destacados pelos grupos focais realizados nos seis municípios:

- Deficiência da infra-estrutura para o desenvolvimento do Programa nos municípios;
- Insuficiência e instabilidade do quadro de pessoal;
- Falta de unificação dos critérios de elegibilidade e do valor do benefício na proposta do Bolsa Família;
- Uso da classificação de famílias pobres e extremamente pobres;
- Adoção de um valor fixo, não relacionado ao salário mínimo, e extremamente baixo, para inclusão das famílias;
- Valor variável e extremamente baixo do benefício monetário transferido às famílias;
- Penalização das famílias com membros no mercado formal de trabalho, pela adoção do critério de renda autodeclarada;
- Falta de financiamento do Estado e do Governo Federal para o desenvolvimento de trabalho sócio-educativo;
- Deficiência quantitativa e qualitativa da rede sócio-assistencial nos municípios;
- Capacitação do pessoal mais voltada para operação do sistema de informática, com pouca discussão sobre a Política;
- Inexistência de rede bancária em pequenos municípios para atender às famílias;
- Falta de uma articulação do governo municipal a uma política de qualificação profissional para encaminhamento e acompanhamento dos adultos das famílias beneficiárias;

- Situação de desorganização e problemas de desvios desde a administração anterior encontrados pela atual administração, com muitas reclamações, sem estrutura física, local e pessoal para funcionamento das atividades (caso de Imperatriz);
- Dificuldade de diálogo e de boa vontade por parte da Caixa Econômica local, além da dificuldade de atendimento por parte do telefone 0800, ocorrendo também muita demora no repasse de informações sobre o cadastro, com conseqüente prejuízo para as famílias;
- Problemas identificados nas versões 6.0 e 6.01 do Cadastro Único, causando dificuldades para os técnicos locais e prejuízos para as famílias e na demora dos arquivos retornos através do *software Conectividade Social*;
- Informações erradas prestadas pelos usuários no ato do cadastro das famílias e, posteriormente, detectadas e corrigidas pela equipe de visitas do Programa que encaminha ao conselho responsável pelo controle social;
- Dificuldade de acesso aos povoados, principalmente no inverno;
- Demora no atendimento de famílias cadastradas mesmo quando atendem aos critérios de elegibilidade do Bolsa Família que já foram incluídas no cadastro único dos programas sociais do Governo Federal e ainda não recebem o benefício;
- Demora na informação por parte das famílias e das escolas quando verificadas alterações de dados e por parte da Caixa Econômica Federal no retorno desses dados enviados pelos municípios (acima de 60 dias);
- Insuficiência do critério renda autodeclarada para avaliar a situação de pobreza das famílias, ficando quase impossível investigar a veracidade das informações família por família;
- Os prazos em geral definidos pelo MDS têm sido insuficientes para atender às solicitações, principalmente aquelas mais complexas como recadastramentos e migrações das famílias para o Bolsa Família;

- O fato de os benefícios bloqueados por mais de 2 meses não serem desbloqueados no município, havendo a necessidade de encaminhar ofício a SENARC que demora muito a efetivar o desbloqueio;
- Não ter um único local para o cadastramento único;
- Morosidade na entrega dos cartões magnéticos para as famílias;
- Falta de documentos para cadastramento de famílias vulneráveis do município;
- Limitada capacidade financeira dos municípios menores para investir na gestão do Programa e no desenvolvimento de ações complementares;
- Sobrecarga de trabalho dos profissionais, que, além de trabalharem com o Bolsa Família têm outras atribuições;
- Pouca articulação entre o governo estadual e o municipal;
- Desconsideração das especificidades regionais e municipais na implementação do Bolsa Família,
- Grande aplicação de recursos para produção de instrumentos de divulgação que não chegam aos beneficiários;
- Dificuldade na concretização de um trabalho com as famílias beneficiárias no tocante ao desenvolvimento de ações sócio-educativas;
- Dificuldade de trabalhar a conscientização dos beneficiários;
- Falta de estrutura e de integração entre os técnicos na socialização e troca de informações por ocasião da participação em treinamentos, fóruns ou cursos de capacitação;
- Pouco apoio para capacitação de membros das famílias para que elas possam sair da situação de dependência;
- Demora para chegar informações sobre o Programa, (mesmo com acesso à internet);
- Processo lento de mudança de cartão — do Programa Bolsa-Escola para o Bolsa-Família;
- Pouca participação das famílias beneficiárias nos encontros e cursos;

- Falta de parceria entre a Secretaria Municipal de Assistência Social e os Correios (Instituição responsável pelo recebimento e entrega dos cartões);
- Pouca articulação entre as Secretarias Municipais de Assistência Social, Saúde e Educação;
- Inexistência de parceria entre a Secretaria Municipal de Assistência Social e a Secretaria do Meio Ambiente e Agricultura;
- Falta de planejamento de estratégias mais eficazes que possam estimular uma maior participação das famílias beneficiadas nos encontros sistemáticos realizados pela equipe de execução do Programa;
- Repasse de informações, por vezes, não verídicas por parte da mídia;
- Falta de bom senso de alguns políticos do município ao repassar para as famílias beneficiárias que o prefeito é o maior responsável pelo Bolsa Família, estabelecendo o campo fértil para a prática do clientelismo;
- Dificuldade de os profissionais terem acesso a informações sobre eventos na área de capacitação, principalmente, de cunho social;
- Pouca articulação entre as Políticas de Assistência Social, Saúde e Educação na condução das condicionalidades do Bolsa Família.

3.2.11 Sugestões dos municípios ao Bolsa Família

As sugestões mais destacadas no desenvolvimento da pesquisa de campo foram as seguintes:

- Garantir a articulação sistemática do Bolsa Família com capacitação profissional e outras ações que incentivem a criação de trabalho e renda;
- Garantir a permanência das famílias no Programa pelo menos até os filhos completarem o ensino médio;
- Ampliar os postos e a rede bancária nas pequenas cidades;

- Unificar o valor do benefício (um salário mínimo) e o valor *per capita* para acesso das famílias (meio salário mínimo);
- Ampliar e democratizar o acesso das famílias a serviços sociais básicos de qualidade;
- Ampliar os CRAS como espaços de atendimento das famílias;
- Agilizar o repasse de recursos do MDS para os municípios;
- Realizar treinamento e acompanhamento sobre cada versão do Cadastro Único que ainda tem apresentado problemas para as equipes técnicas locais;
- Aproximar a comunicação entre a coordenação estadual do Bolsa Família com as coordenações municipais;
- Flexibilização do MDS em relação aos prazos, considerando a difícil realidade dos municípios no cumprimento das atividades, evitando ocasionar transtornos e insegurança para as famílias.
- Organização de um local no município que seja específico para o cadastramento e para o atendimento das famílias do Bolsa Família;
- Agilidade na entrega dos cartões pela CEF;
- Apoio financeiro do Governo Federal para desenvolvimento de ações com as famílias beneficiárias do Bolsa Família;
- Capacitação permanente do pessoal que trabalha no Bolsa Família, de modo descentralizado nos municípios pólos das microrregiões, para evitar o longo deslocamento para as capitais;
- Articulação entre as Políticas de Assistência Social, Saúde e Educação nas três esferas de Governo.

Entendemos que a indicação dos aspectos positivos, negativos e sugestões apresentadas são auto-explicativas, direcionadas, na grande maioria, ao nível de gestão federal do Bolsa Família, mas também ao nível estadual e municipal. São indicações reveladoras da situação real do Programa nos municípios. Embora algumas das indicações feitas já possam ter sido superadas, demonstram situações estruturais e conjunturais que vêm marcando um Programa massivo e complexo como é o Bolsa Família, inclusive pela diversidade da realidade dos municípios brasileiros.

Conclusão

Maria Ozanira da Silva e Silva

Os Programas de Transferência de Renda, no Brasil, dimensão mais relevante da proteção social desde a última década do século XX e com contínua expansão nesse início do século XXI, encontram-se articulados a temas importantes como: pobreza, família, educação, saúde, trabalho infantil, descentralização, focalização, eixos centrais que configuram as políticas sociais na atualidade. Nesse mesmo contexto, questões relevantes vêm sendo apontadas no desenvolvimento desses programas, tais como: quais as reais possibilidades de elevarem o nível de escolaridade, de saúde e de nutrição da população brasileira? Isso significa a inserção social de grande parte da população historicamente à margem do acesso a bens e a serviços sociais básicos? Qual a efetividade desses programas enquanto política pública de enfrentamento à pobreza no país? Qual a sustentabilidade desses programas e seus impactos em termos de autonomização das famílias atendidas?

Referenciando especificamente o Bolsa Família, destacamos que sua inovação maior é a proposta de unificação dos Programas de Transferência de Renda e a sua consolidação enquanto programa massivo que atua em todo o território brasileiro, atendendo a um público de mais de quarenta milhões de pessoas em mais de onze milhões de família, o que permite que se levantem questões como: a unificação dos Programas de Transferência de Renda significa o início de um novo momento no desenvolvimento desses programas no Brasil? Qual a proposta e efetivação desse processo de unificação? Até que ponto esse novo passo representa uma evolução no objetivo central desses programas: elevar o patamar da educação e da saúde da população e superar a condição de pobreza de um largo segmento da população brasileira?

Sem pretensão de responder a essas questões, os textos que compõem a presente coletânea contêm elementos de reflexão e problematização direcionados a esses aspectos. A reflexão desenvolvida tem como foco de análise a caracterização do Bolsa Família, com destaque a um esforço de problematização sobre o processo de unificação dos Programas de Transferência de Renda em implementação no Brasil, permitindo serem pontuados alguns aspectos fundamentais que podem ser considerados no campo das potencialidade e outros elementos que podem ser considerados no campo dos limites.

Em termos de *potencialidades*, podemos destacar:

- Entendemos que os Programas de Transferência de Renda, com destaque ao Bolsa Família, o Benefício de Prestação Continuada e o Seguro Social Rural, representam, na atualidade, a dimensão mais significativa do Sistema de Proteção Social brasileiro, pela abrangência geográfica ao alcançar todos os 5.563 municípios e o Distrito Federal; pelo quantitativo de público atendido, mais de 50 milhões de pessoas; pelo volume de recursos aplicados; pela contribuição que estão apresentando para a diminuição da desigualdade social e da pobreza no Brasil, conforme evidenciado por estudos referenciados no decorrer desta coletânea;
- Estudos referenciados também têm demonstrado que esses programas, apesar de desvios registrados e denunciados, têm sido as experiências mais exitosas da Política Social brasileira no que diz respeito à focalização no seu público-alvo;
- A criação e implementação do Bolsa Família, cuja proposta é unificar os Programas de Transferência de Renda, representa, sem dúvida, um avanço qualitativo no campo desses programas, embora esse

processo venha se desenvolvendo com limites, conforme apontado no item 1.4.1 (A Unificação dos Programas de Transferência de Renda) do capítulo 1 (Bolsa Família: apresentando e problematizando sua proposta);

- Tratando-se das condicionalidades no campo da educação e da saúde, entendemos que estas apontam para a possibilidade de ampliação de direitos sociais básicos das famílias beneficiárias. Todavia, conforme considerado no item 2.4.2 (A Proposta de Condicionalidades do Bolsa Família) do capítulo 1 (Bolsa Família: apresentando e problematizando a sua proposta), é preciso situá-las não como uma imposição para punição, mas no campo educativo, oportunizando informações e orientações às famílias beneficiárias, assim como oferecendo a essas famílias serviços de qualidade e quantitativamente capazes de possibilitar a democratização de acesso, o que requer expansão e maior qualificação dos sistemas brasileiros de educação, saúde e trabalho;
- A adoção dos CRAS como espaços privilegiados das famílias beneficiárias do Bolsa Família, embora com uma prática ainda incipiente, vem sendo percebido como positivo para permitir articulação, atendimento e encaminhamentos dos membro das famílias no sentido de atender melhor suas necessidades;
- O Índice de Gestão Descentralizada (IGD) foi destacado, no desenvolvimento da pesquisa de campo, enquanto um avanço significativo para qualificação da implementação do Bolsa Família, para o acompanhamento das condicionalidades de Saúde e de Educação, podendo imprimir a estas uma conotação educativa e não punitiva.

No âmbito de *possíveis limites*, apontamos:

- Entendemos que o atendimento de todas as famílias pobres brasileiras que se encontram no critério de renda fixado pelo Bolsa Família (até R$ 120,00 de renda *per capita* familiar) ainda é um desafio. Isto é, para que a focalização seja considerada na sua perspectiva progressista, conforme apresento no item 2.4.3 (A Focalização no Bolsa Família) do capítulo 1 (Bolsa Família: apresentando e problematizando a sua proposta), é necessário que *todo* esse público-alvo seja alcançado pelo Programa que pretende assumir a focalização enquanto discriminação positiva. Isso significa a universalização relativa ao público definido pelos critérios de elegibilidade adotados;

- Apesar do avanço no campo da proteção social no Brasil com a implantação dos Programas de Transferência de Renda, os desafios ainda são muito grandes: os critérios de inclusão desses programas precisam permitir o atendimento de famílias pobres e não apenas indigentes, como é o que de fato vem ocorrendo; o benefício precisa ser elevado para um patamar de pelo menos um salário mínimo para produzir maior impacto nas condições de vida das famílias beneficiárias e para reduzir os elevados índices de pobreza e desigualdade ainda registrados no país, apesar do declínio que vem se verificando a partir de 2001;
- A transferência monetária precisa ser melhor articulada ao acesso a serviços sociais básicos e a políticas e programas sociais estruturantes. Nesse sentido, os Programas de Transferência de Renda, como outros programas sociais, precisam ser articulados a uma Política Econômica que seja capaz de redistribuir renda, e de gerar emprego e renda para que as famílias apresentem possibilidades de se autonomizar;
- A questão da autonomização das famílias, em relação aos Programas de Transferência de Renda, é um ponto central e controvertido, sendo objeto de intenso debate, visto que essa autonomização tem como parâmetro a renda *per capita* familiar de até R$ 120,00. Com efeito, merece questionar até que ponto uma renda um pouco acima deste patamar garante a retirada da família da pobreza, uma vez que se trata de um benefício cujo valor é muito baixo e porque não é ser possível dimensionar a pobreza apenas pelo critério da renda. Ademais, há que se considerar a limitada possibilidade de que os membros da população, ou mesmo famílias que vivenciaram longa história de pobreza estrutural, tenham, de fato, condições de autonomização no âmbito de uma sociedade capitalista baseada na exploração e em limites estruturais do mercado de trabalho. Nesses casos, cabe ao

Estado garantir a vida, com dignidade, a essas famílias, cujo direito mais universal é o da sobrevivência;

- A questão da autonomização das famílias, no âmbito dos Programas de Transferência de Renda, está diretamente relacionada com questões como permanência / desligamento das famílias dos programas e com o desenvolvimento de ações complementares destinadas aos membros das famílias beneficiárias. Não resta dúvida que o Programa Bolsa Família avançou muito em relação à questão do tempo de permanência das famílias no Programa, visto que os programas municipais, criados a partir de 1995, e os estaduais, a partir de 1999, fixavam, via de regra, uma permanência muito limitada, na maioria dos casos de um ano com possibilidades de renovação por mais um ano. No caso do Bolsa Família, além da ampliação do público que pode ser incluído, quando mantêm o corte de renda fixado para inclusão e as famílias têm filhos, podem permanecer até os filhos completarem 17 anos, desde que matriculados e freqüentando escolas. Isso se tornou possível com a criação do Benefício Variável Jovem (BVJ) em implementação a partir de março de 2008;
- Quanto a ações complementares direcionadas aos membros de famílias beneficiárias, o estudo de campo realizado nos Estados do Maranhão e do Piauí evidenciou que os gestores e técnicos consideram que a autonomização das famílias ocorre, sobretudo, pela via do trabalho. Nesse sentido, são limitadas, descontínuas e insuficientes as oportunidades oferecidas no âmbito dos Programas de Transferência de Renda, tanto no que diz respeito à qualificação profissional como ao encaminhamento a postos de trabalho, além dos limites do próprio mercado de trabalho para inserir toda a população apta;
- O estudo revelou centralidade da questão do quadro de pessoal para implementação do Bolsa Família nos municípios, considerando a insuficiência quantitativa, a instabilidade e a capacitação deficiente para o desenvolvimento dos trabalhos requeridos pela complexidade do Programa;
- Outro aspecto importante destacado foi a fragilidade do controle social do Programa, quer pela indefinição da instância pertinente,

quer pela falta de compreensão de suas reais funções em relação ao controle social do Programa, acrescido aos limites que os conselhos sociais de gestão vivenciam, no geral, em termos de sua composição, falta de qualificação e condições limitadas de trabalho;

- Aspecto relevante identificado pode ser denominado de contradição no próprio processo de unificação dos Programas de Transferência de Renda, mediado pelo Bolsa Família, na medida em que permanecem diferenciados os critérios de inclusão das famílias no Programa, bem como os valores monetários do benefício são por demais fragmentados. Estes são diferenciados no caso de famílias pobres; famílias indigentes; famílias sem filho, famílias com um filho; famílias com dois filhos e famílias com três filhos. Esses aspectos, além de se contraporem à idéia de unificação, comprometem significativamente a transparência e a compreensão do Programa por parte da sociedade e até por parte das famílias beneficiárias. Daí porque na pesquisa de campo foi indicada a necessidade de unificação da gestão, mas também dos critérios de elegibilidade das famílias e dos valores monetários transferidos às famílias a título de benefícios;
- O estudo empírico realizado apontou ainda a complexidade na implementação de um programa social massivo, mas focalizado na extrema pobreza, num país como o Brasil, de grandes dimensões e diversificação regional e da realidade dos municípios.

Finalmente, há que se destacar, apesar de todos os limites dos Programas de Transferência de Renda apresentados e problematizados em várias passagens dos textos que compõem essa coletânea, que a contribuição de Programas como o Bolsa Família, o Benefício de Prestação Continuada e o Seguro Social Rural, entre outros, apresenta elevado significado para as famílias e as pessoas atendidas por esses programas por constituírem possibilidades concretas de melhoria de condições de vida de grande parte da população, no caso específico, dos Estados do Maranhão e Piauí, que, conforme evidenciado no capítulo 3 O Bolsa Família nos estados do Maranhão e do Piauí: caracterização socioeconômica dos Estados e Municípios selecionados e situação do Programa, item 3.2 Caracterização Socioeconômica dos Estados e Municípios Espaços Geográficos do Estudo), são Estados dos mais pobres no Brasil. É considerável também o significado que os recursos financeiros transferidos pelo Governo Federal para esses Estados representam para a dinamização das economias locais. Em que pesem essas potencialidades, consideramos o limite dos Programas de Transferência de Renda, como formulados e implementados no Brasil, ao retomar a análise dos programas de enfrentamento a pobreza e, particularmente, os Programas de Transferência de Renda, a partir do referencial desenvolvido por Castel (1999). Esse autor considera como *políticas de inserção* aquelas que apenas atuam sobre os efeitos do disfuncionamento social, sem alterar os processos geradores da situação identificada, o que as diferencia das *políticas de integração*, constituídas de Políticas Sociais mais gerais de caráter preventivo e não só reparadoras. Nesse sentido, os Programas de Transferência de Renda se voltam para a inclusão precária e marginal, sendo orientados pela focalização na população pobre ou extremamente pobre, sem considerar as determinações mais gerais e estruturais de sua situação de pobreza. Assim postas, essas políticas podem ser capazes de incluir pessoas nos processos econômicos de produção e de consumo, como realmente vem ocorrendo; porém, essa inclusão é de natureza marginal e precária, mantendo uma situação de reprodução e controle da pobreza num dado patamar, sem sua real ultrapassagem.

Partindo desse referencial problematizador e dos resultados das pesquisas referenciadas, reafirmamos que os Programas de Transferência de Renda, quando não articulados a uma política macroeconômica de crescimento sustentável e de redistribuição de renda, podem significar melhorias imediatas das condições de vida, de famílias que vivem em extrema pobreza, o que já é importante, mas não superam a pobreza, ultrapassando, somente em caráter marginal, a denominada linha de pobreza.

Referências bibliográficas

CASTEL, Robert. *As metamorfoses da questão social*: uma crônica do salário. Petrópolis: Vozes, 1999.

POLÍTICAS PÚBLICAS DE TRABALHO E RENDA NO BRASIL CONTEMPORÂNEO

LEIA TAMBÉM

Maria Ozanira da Silva e Silva
Maria Carmelita Yazbek (orgs.)

co-edição: FAPEMA
2ª edição (2008)
208 páginas / ISBN 978-85-249-1261-0

Marcio Pochmann • Ricardo Antunes • Cláudia Mazzei Nogueira • Salviana de Maria Pastor Santos Sousa • Maria Eunice Ferreira Damasceno Pereira • Rosangela Nair de Carvalho Barbosa • Izabel Cristina Dias Lira • Maria Virgínia Moreira Guilhon • Valéria Ferreira Santos de Almada Lima • Erivã Garcia Valesco

Este livro apresenta uma interessante, madura e pertinente análise a respeito das políticas públicas de trabalho e renda em curso no Brasil.

Em certa medida, o ambiente neoliberal tem contribuído desfavoravelmente para limitar, ou negar, a capacidade de geração de trabalho e renda no país. Da mesma forma tem aprofundado o processo de desvalorização do uso e remuneração dos trabalhadores ativos. E isso fica demonstrado pelo conjunto de nove textos organizados a partir da participação de doze pesquisadores de diferentes universidades brasileiras, responsáveis pelo amplo tratamento dos distintos aspectos que contextualizam a situação do trabalho. Em especial, ganha dimensão a ênfase adotada nas questões de gênero e juventude. Não menos importante é a referência ao debate sobre as alternativas de políticas públicas associadas à informalidade e à economia solidária, seja no âmbito da avaliação de resultados nacionais decorrentes das ações em torno da educação profissional em âmbito nacional, seja na especificidade dos resultados de experiências locais estabelecidas por medidas desenvolvidas no estado do Maranhão.

A POLÍTICA SOCIAL BRASILEIRA NO SÉCULO XXI:
A prevalência dos programas de transferência de renda

Maria Ozanira da Silva e Silva
Maria Carmelita Yazbek
Geraldo di Giovanni

LEIA TAMBÉM

4ª edição revista e atualizada (2008)
224 páginas / ISBN 978-85-249-1410-2

O viés liberal que tem marcado os Programas de Transferência de Renda no Brasil, limitando-os a perspectiva meramente compensatória, só será superado para dar lugar a uma perspectiva distributivista quando essa grande quantidade de programas de iniciativa municipal, estadual e federal, derem lugar a uma Política Nacional articuladora desses programas e recursos. É desta forma que todos os municípios brasileiros poderão receber apoio e ajuda do Governo Federal conforme necessidades locais, e terão a liberdade de implementar esses programas em conformidade com as necessidades da população. É assim também que a sociedade poderá desenvolver um real controle social desses programas, além da exigência de expansão e democratização dos serviços sociais básicos para todos. Os Programas de Transferência de Renda precisam ser, sobretudo, articulados a uma política econômica superadora do modelo de concentração de renda e desvinculada de um esforço de geração de emprego e renda adotada ao longo da história brasileira. Tudo isso significa a instituição de uma Política Nacional que deixe de ser uma Renda Mínima para se transformar numa Renda de Cidadania, para inclusão de todos em condições de dignidade.

▸ POLÍTICA SOCIAL E DEMOCRACIA

LEIA TAMBÉM

Maria Inês Souza Bravo
Potyara A. P. Pereira (orgs.)

co-edição: UERJ
3ª edição (2007)
256 páginas / ISBN 978-85-249-0797-5

Ana Maria Vasconcelos • Francisco de Oliveira • Giselle Lavinas Monneratt • Maria Inês Souza Bravo • Maria Lúcia Teixeira Werneck Vianna • Mary Jane de Oliveira Teixeira • Maurílio Castro de Matos • Mônica de Castro Maia Senna • Potyara Amazoneida P. Pereira • Rosimary Gonçalves de Souza • Silene de Moraes Freire • Vanda Maria Ribeiro Costa

....

Esta coletânea propõe-se a alimentar o debate e discutir estratégias sobre a democracia extensiva que, extrapolando a esfera política institucionalizada, penetre por todos os campos da vida social. Em cada um de seus onze artigos, todos assinados por autores de reconhecida inserção intelectual e política nas lutas democráticas, as falsas verdades do neoliberalismo são rejeitadas, desmontadas e denunciadas.